EL PROFETA DE ISRAEL

Lisette Brito

EDIQUID

EL PROFETA DE ISRAEL
© Lisette Brito

Editado por: Corporación Ígneo, S.A.C.
para su sello editorial Ediquid
Av. Arequipa 185 1380, Urb. Santa Beatriz. Lima, Perú
Primera edición, marzo, 2023

ISBN: 978-612-5078-78-0
Tiraje: 100 ejemplares

Hecho el Depósito Legal en la Biblioteca Nacional del Perú N° 2023-01837
Se terminó de imprimir en marzo de 2023 en:
ALEPH IMPRESIONES SRL
Jr. Risso Nro. 580 Lince, Lima

www.grupoigneo.com
Correo electrónico: contacto@grupoigneo.com
Facebook: Grupo Ígneo | Twitter: @editorialigneo | Instagram: @grupoigneo

Colección: Integrales

Contenido

Dedicado a toda la humanidad,
para que tu luz se expanda
y seas consciente del lugar donde quieres estar.

Agradecimientos

A papá Dios, Jesús y al Espíritu Santo por su guía perfecta y maravillosa para escribir este libro.

A toda mi familia del canal *Tarot de Liss,* por hacer posible cada libro que Dios dicta y seguirá dictando.

A mis hijos, David, Antonella y Valentina, y a mi familia, muchas gracias por su apoyo.

A mi amor, Christian, por su ayuda fundamental en cada propuesta que Dios nos entrega. Gracias por tu compromiso con Dios para colocar tu profesionalismo en todos los detalles que se reflejan en los dos primeros libros que Dios ha dictado, *El Espejismo de la Luz en la Tierra* y *El Profeta de Israel.*

Gracias.

Prólogo

*E*l libro que tienes hoy en tus manos fue guiado por Jesús desde el primer momento.

En mayo del año 2021, recibo un mensaje con las instrucciones de aquello que debía hacer: me dicen que Jesús será quien dictará esta maravillosa obra.

Viajando por carretera, camino a casa, recibo una canalización en donde me muestran el nombre de México y me señalan la ruta azteca. Es en ese preciso momento cuando comienza el camino que me llevaría a tomar las energías milenarias de distintos lugares icónicos del mundo y las más lindas puestas de sol.

Emprendimos el viaje a México en septiembre del mismo año. La ruta azteca es extensa, compleja y, a ratos, de difícil acceso, por lo que fue un desafío realizarla. Dios me guio hasta Teotihuacán, en México, y es en la Pirámide del Sol y la Luna donde recibí la energía principal.

En una siguiente canalización recibo que cada puesta de sol me iría entregando la energía que necesitaba para escribir y canalizar lo que Jesús me iba a dictar. Viajé a Uruguay en el mes de noviembre del año 2021, donde conecté con bellísimas puestas de sol en el horizonte, reflejando la grandeza de nuestro Creador.

Luego, y ya en mi país, Dios me muestra otro lugar donde debía ir para recibir la energía que finalizaría el libro.

En el mes de julio del año 2022, viajamos con Christian, mi amado, hasta la IV región de Coquimbo, específicamente al valle del Elqui, y es ahí donde recibí parte de este libro, con un paisaje de una inusual nieve. Fue increíble lo que sucedió, llegamos a una cabaña donde se había cortado el suministro de agua, ya que la nieve congeló todas las cañerías. Ese lugar es cálido todo el año, por lo que ese fenómeno climático cortó agua y luz, además de botar algunos postes.

Solo con la luz de mi teléfono celular pude escribir lo que se me dictó, mientras escuchaba la voz de Jesús dictándome la continuación del libro.

La parte final de este libro fue dictada en mi casa, en Los Ángeles, en el mes de octubre del año 2022, cerrando este bello manuscrito y con el corazón lleno de amor, felicidad y paz por saber que Jesús es fiel y cumple todas sus promesas.

Deseo que este libro llegue directo a tu corazón, y que las enseñanzas de Jesús queden grabadas ahí por toda la eternidad.

Espero disfruten este bello libro, y que el diálogo que generes con Jesús, a través de estas líneas, te lleve a vivir una vida plena junto a Él, llena de paz y gratitud a su fiel amor por ti.

Gracias por tu gran apoyo a mi trabajo.

$\mathcal{D}$esde los lugares más impensados se puede escribir este libro. Desde cada rincón del mundo se puede crear lo más bello de la vida.

Grandes artistas han plasmado la belleza del mar y del mundo en una obra de arte, mas yo, Jesús, quiero plasmar lo feliz que me hace el saber que muchos leerán este libro.

Muchas veces no sabemos cómo interpretar las energías y nos sentimos novatos, ilusos e inexpertos. Sentimos que no tenemos la capacidad de saber interpretar. Digo «somos» porque, así como tú lo has sentido, así lo siento yo por ti también.

Vamos a conversar, ¿te parece?

Cuéntame: ¿cómo ha sido tu vida? ¿Encuentras, en este espacio, tu lugar? ¿Has sentido la calidez de una hoja botada en el suelo, que se mueve por el viento, así como la caricia que te estoy dando en tu mejilla en este momento?

Te quiero contar algo, ¿me lo permites?

Quiero que sientas mi felicidad en este momento por saber que leerás este libro. No sé cuánto tiempo te demorarás en leerlo, pero sí sé algo: cada palabra que contenga este libro, no la olvidarás jamás.

¡Oh, Dios! Qué feliz me siento por hablarles a mis hermanos. Mi felicidad la comparto contigo.

En este primer capítulo, quiero contarte sobre las energías que entran en ti y de las que ya se encuentran en ti. Cada emoción contiene una energía.

¿Sabías que cada emoción toma un color cálido al fusionarse con tu energía vital? ¡Claro que sí! Siempre que esa energía no venga empañada por algún sentimiento carente de amor.

¿Sabías que cuando tenemos sentimientos de desamor, nuestra alma comienza a cambiar su vibración y color?

Todo lo hablaré entrelazado contigo, porque si tú sufres, yo sufro contigo. Es la única manera de poder entender lo que te ocurre, y así poder ayudarte.

Si no viviera tu dolor, no existiría la conexión entre tú y yo.

¿Puedo preguntarte algo?

¿Qué sientes en tu ser, tu alma y tu espíritu cuando dices mi nombre?

Jesús

Puedes responder, cerrando tus ojos y repitiendo mi nombre hasta que sientas en ti la respuesta, y escribirlo en las siguientes líneas. Me gustaría saber quién soy yo para ti, y cuál es tu verdadero sentir en la vibración de mi nombre. Luego continuamos el diálogo.

(Canalizado el 23 de noviembre de 2021)

_____

_____

_____

_____

_____

_____

_____

_____

_____

_____

_____

_____

_____

_____

_____

_____

_____

_____

_____

_____

_____

_____

_____

_____

_____

¡Muchas gracias!

El significado de los colores de la vida

*L*a existencia tiene una energía y un color que, finalmente, terminan generando una vibración.

Te revelaré algunos colores y sus significados.

Fíjate y observa cuando estás feliz. ¿Cuáles son los colores que comienzas a sentir en tu cuerpo o en tu ser? Observa cuando estás triste, ¿cuál es el color que quieres usar como prenda? ¿Cuál es el color que sientes que te envuelve? Cuando estás pasando pruebas difíciles, ¿cuál es el color que comienzas a ver en tu mente o en tus sueños?

Aquí dejo algunos ejemplos que pueden ayudarte a entender tus procesos, emociones e incluso reacciones.

Púrpura

*E*ste color revela aquello que está siendo transformado en tu interior, ya que le has dado permiso a la energía suprema para que cambie ciertos sentimientos y emociones en ti.

Deja que este color comience a recorrer y a moverse dentro de tu cuerpo. Se llevará todo aquello que afecta a tu organismo y a tus pensamientos, así comenzarás a sentirte mejor. Cuando este color habite en tu mente, haz que permanezca allí el mayor tiempo posible, para que de esta forma pueda llevarse toda suciedad manifestada en pensamientos oscuros, que no nos sirven para elevar nuestra vibración, sino más bien para bajarla, dañar un órgano de nuestro cuerpo o mantenernos en un estado quieto, paralizando así todos nuestros proyectos y dejarnos con una gran insatisfacción. No permitas que eso ocurra, ya que este color llegará a ti para ayudarte. En el primer momento que lo veas, da gracias a Dios que ha llegado este color a tu mente como energía de limpieza y transformación.

Irás viendo cómo tus pensamientos se disuelven. Eliminarás, en un resfrío o en el sudor, todo lo malo. ¿Te has dado cuenta de que cuando piensas mucho duele la cabeza? Bueno, eso se debe a que inyectas el color del duelo en tus pensamientos (más adelante sabrás cuál es ese color).

Este color violeta (o púrpura) aporta energía básica, fundamental para todos tus pensamientos, ya que de esta manera no destruyes aquellos pensamientos que traes a través del color amarillo (la iluminación y la creatividad). No permitas que el veneno del dolor mate los pensamientos o los sueños que quieres llegar a cumplir.

Vibra y transmuta tu ser en cada despertar.
Tan solo deja un día para transmutarlo todo y sigue adelante,
que mucho trabajo te queda aún por hacer.

Anaranjado

*E*s el acompañamiento de un espíritu joven, que desde un plano superior te está ayudando a cambiar ciertas conductas como el mal carácter, la falta de humor contigo mismo, la rabia contenida y la ira no trabajada.

Cuando llega este color, es porque te cuesta mucho ver las cosas con amor, entonces aumentas la vibración del problema y aumentas tu mal carácter. Todo aquello que te ocurra y que sea doloroso, es solo porque a esa situación le ha faltado amor, y llegó la hora de que tú seas quien le dé amor a lo que vibra en desamor. Al principio te podrá parecer imposible darle amor a aquello que te está haciendo sufrir, pero es más posible de lo que podrías llegar a imaginar.

¿Cómo te miras el día de hoy? ¿Con amor? ¿Con desamor? Mira todo aquello que te ha causado dolor. Eso que verás es tu sombra, y si a tu misma sombra no le das amor, entonces jamás podrás salir del calvario, porque hasta tu sombra es parte de tu ser y también merece vivir en amor.

Toma una libreta y escribe la situación que te causa dolor. Pide a este espíritu joven que se presenta ante ti, de color anaranjado, que te ayude a vibrar y a mirar las cosas desde el amor (este color es un derivado del color rojo). Todos los colores alineados dan potencia y vida a tu ser, tomando la vibración más alta existente en esta Tierra.

Celeste

*E*s el color de la paz que modifica tu interior por completo.

Es la paz más profunda del cielo. Es todo lo que contiene partículas llenas de amor. Es una vibración mágica y muy alta. Es vibración sagrada.

Cuando veas este color al cerrar tus ojos o sientas que te rodea, ¡alégrate! ¡Estás recibiendo el buen amor y la paz infinita en tu interior, que solo viene de nuestro Padre!

Tenemos el mismo Padre, quien me ha enseñado todo. De la misma forma te enseña a ti a vivir en esta Tierra.

Todo lo que el Padre me enseña te lo enseñará a ti, si tú así lo deseas.

Al ser un color celestial, está contenido por una gran cantidad de ángeles. Este es el aviso de que comenzarás a escuchar las voces de los ángeles que están en el firmamento. ¿Cuáles serán? Los que cuidan el cielo y custodian el trono de Dios.

En esta etapa, y cada vez que veas el color celeste, estarás ante la presencia de los ángeles para que seas escuchado. Luego anímate y prepárate para escucharlos, ya que ellos tendrán mensajes muy valiosos para ti, para ayudarte en cada etapa de tu vida o por lo que estés atravesando en ese momento.

Los ángeles siempre llevan consigo sus quehaceres y sus obligaciones. Son disciplinados y muy obedientes a hacer la voluntad de Dios. Esto te indica que, si eres obediente al llamado de la voz de Dios por medio de los ángeles, es porque te irás convirtiendo en uno de ellos.

¡Qué lindo sería tenerte como un ángel, protegiendo y cuidando de esta Tierra!

Tú puedes serlo si así lo deseas.

Café o marrón

*E*ste color puede ser marrón suave o marrón oscuro. Va a depender de la energía oculta que se está despidiendo de ti.

Son energías bajas, oscuras, de tinieblas, que tú mismo has guardado en tu interior.

Para que haya un desprendimiento de esta energía oscura de tu ser, tienes que haber vivido algo muy estremecedor, y será tu *yo interno* quien deseará expulsar esa emoción o sentimiento oscuro.

Y recuerda, una energía que pasa por un sentimiento genera un color.

Se van formando colores nuevos si vas mezclando distintas vivencias con emociones. Estas emociones generan un color, y es así como vas forjando tu estado de ánimo. En la medida en que te vayas sintiendo mejor, tendrás colores más iluminados en tu ser; pero en la medida en que te vayas sintiendo sin energía, irás pasando por vibraciones bajas que, al sentarse o quedarse en un sentimiento, generará un color de bajo fluir. Esto comienza a generar un estancamiento en tu vida. Llama a ti pensamientos de amor ante esta dificultad, porque dentro de tu corazón están guardadas las caricias de tu madre y de tu padre. No avances con este dolor desgarrador, ya que podrías llegar al color negro. Si esto ocurriese, entonces te daré más adelante la revelación de este último color, para que sepas la raíz de tu dolor.

Verde

*L*a esperanza está siendo insertada en ti.

La esperanza llega como una nube de color verde. Aquí es cuando respiras aires frescos. Aquí es cuando respiras voluntad. Aquí es cuando respiras bondad. Aquí es cuando respiras una buena calidad de vida.

En esta parte quiero darte una revelación para tu sanación cuántica. Aquí, si tomas este consejo, conectarás con la sanación cuántica de tu alma:

- Pon la mañana enfrente de ti, y que sea esto lo primero que hagas al levantarte, si tú así lo permites.
- Toma un vaso con agua y prepáralo con amor, porque lo vas a beber.
- Visualiza el agua que vas a beber. Esta se irá transformando, pasando a un color verde o tiñéndose de este color a través de tu imaginación.
- Intenciona todo esto para que puedas recibir el agua energizada del color verde, sanador y restaurador de tus células.

Sentirás cómo, desde tu estómago, comienza a acomodarse todo. Sonará y hará un sonido fuerte, como un rugido. Es ahí, en tu estómago, donde necesitarás realizar cambios importantes para lograr tener buenos pensamientos, buen estado físico, una buena y mejorada respiración, un buen dormir y un mejor despertar, y así ayudarte a estar bien con tu cuerpo y con tus emociones para tener un estado óptimo de salud.

Evita generar enfermedades agresivas, así irás mejorando tu salud. Luego, cuando se haya ajustado todo en tu estómago y sigas bebiendo de tu agua (imaginando que lleva la energía de color verde), comenzarás a sanar tu corazón y a borrar las enormes cicatrices que has cargado por mucho tiempo, cicatrices que fueron apartadas del amor. El agua que beberás te ayudará a recuperar tus fuerzas, tu energía y, también, a conectar con el amor que todo lo cura, perdona y soluciona.

Si haces todo desde el amor, la luz y el brillo de tus ojos cambiarán. Si bien se dice que los ojos son las ventanas al alma, yo diría mas bien que son la entrada para ver el estado de tu alma.

¿Cómo está tu alma el día de hoy? ¿Está en amor? ¿Está en desamor? ¿Nostálgica? ¿Temerosa? ¿Opaca u oscura? Chequea tu mirada el día de hoy y comienza a trabajar en ti, en tu estado vibracional.

(Canalizado el 23 de noviembre de 2021
y el 3 de octubre de 2022)

¿Qué sientes al leer estas palabras?

_____

_____

_____

_____

_____

_____

_____

_____

_____

_____

_____

_____

_____

_____

Amarillo

La tempestad opaca, oscurece y nubla todo lo que quieres hacer. Es aquella que te impide hacer las cosas de manera fluida y te roba tus energías más valiosas. Esto solo pasa cuando has perdido la fe. Pero si trabajas y alimentas tu fe cada día, la tormenta, aunque bote todo a su paso, no te derribará.

La tormenta se tranquiliza cuando ve que una persona está firme en su fe. Si activas tu fe al máximo significa que todos los días de tu vida te levantarás en oración y le informarás a tu mente que es ella quien lleva el timón de tu vida y quien gobierna en tus pensamientos. Es en ese momento cuando tienes claro que Dios te da palabra nueva cada día, la cual alimenta tu consciencia y te hace hacer cosas grandes, dejando fuera de ti la duda y el miedo.

La fe no nace por sí sola. Necesita de tu compañía. Necesita de tu activación. Y es precisamente en frente de la tormenta, cuando más debe estar fortalecida.

Puedes tener una fe tremenda, ¡claro que sí! Se construye y se reconstruye a través de las pruebas difíciles.

Te diré algo: he visto que a veces dices «mi problema» o «mi tormento», y estás tan nublado que no te das cuenta que, en ocasiones, esa tormenta es de otra persona. Ni siquiera es tuya y te haces responsable por tormentas ajenas o, simplemente, quieres participar de tormentas a las que no has sido invitado, pero las haces parte de ti.

A eso le puedes llamar *amor al prójimo*, pero es aquí cuando debes separar las aguas de la tormenta. Si quieres ayudar a alguien que esté en una tormenta, debes ayudarlo sabiendo que estás en una tormenta ajena, que no es tuya y que estás participando como un colaborador. En algunos momentos solo tendrás que mirar y observar, porque no serás tú quien deba tomar las decisiones por tu hermano en su tormenta. Así como Dios respeta tus decisiones, así también debemos respetar las decisiones de nuestros hermanos.

Esta es la manera de poder ayudar sin perder nuestras fuerzas.

Por muchos años has dicho: «Siempre ayudo y recibo solo bofetadas y malos tratos». Así las personas terminan por no valorar lo que haces, porque ellos dicen para sí mismos: «Pero si ni siquiera yo he decidido qué hacer ¿Por qué decides tú por mí?».

Hay personas que no quieren tomar decisiones en su vida y las debemos respetar, porque en el fondo ya están tomando una decisión: deciden no hacer nada, ya que están con su mente en blanco.

Debemos ser muy cuidadosos a la hora de entrar en tormentas ajenas, ya que podemos ser bienvenidos, mas no sabemos cómo nos despedirán de aquella tormenta que no es nuestra.

Ahora bien, te pregunto: ¿estás dispuesto a abandonar tu tormenta por ir a defender y pelear en tormentas ajenas?

Si tu respuesta es «sí», deberás llenarte de este color, porque la tormenta huye cuando quien se ubica en frente de ella lleva su luz amarilla encendida a fuego lleno y pleno. Es ahí cuando la tormenta huye, porque sabe que aquel que llegó es enviado por Dios.

Cuando llegues a una tormenta ajena serás el farol de luz que iluminará todo, y así le darás a tu hermano la luz que necesita para poder ver y observar, y así sabrá cómo enfrentar su propia tormenta. Ya no serás tú quién decida por él, solo irás como la luz de Dios para dar vida a su vida, paz a su tormenta, calma ante lo que está enfrentando y amor a lo que provocó esa tormenta.

No vayas a tu tormenta o a la de tu hermano sin ir preparado. Tus armas están hechas en luz: tu voz, tus palabras, tus manos, tu mirada, tus pensamientos, tu guía, y todo aquello que vayas descubriendo en cada tormenta de las que ya hayas salido victorioso. Guarda las futuras herramientas que irás adquiriendo en cada batalla o tormenta.

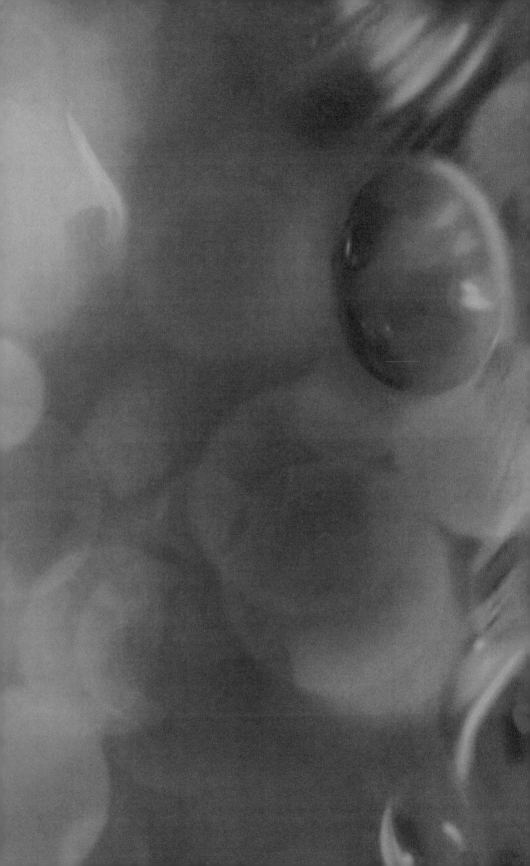

Rojo

*E*s la calidez. Es el temperamento. Es la paz, cuando ya la has perdido. Es la fuente que jamás se secará. Es el caudal de luz más potente del mundo y del Universo completo.

Aquí está Dios. Es el color de la sangre que llevas en el interior de tu cuerpo. Es el fuego que prende llamas eternas, porque este color tiene una potencia que nada puede superar.

El amor es el principio sin fin. Es Alfa y Omega.

A Dios lo encontrarás de muchas maneras. Y esta es una de ellas, porque la fuerza que Dios tiene y que te entrega, genera también un color.

El color que identifica a Dios es el rojo, porque te demuestra el amor que siente por ti.

Si este color se presenta constantemente en tu vida y en tu interior, es porque Dios te está entregando un mensaje. Este color también genera un calor muy intenso: es el calor del amor de Dios, que comparte contigo cuando te está entregando sanidad en aquella parte de tu cuerpo que necesita ser sanada y restaurada.

Es Dios quien anula todo aquello que carcome tu carne, tu alma y tu espíritu. Cuando estás en Su presencia, Él te regala de su amor y fuego encendido, por eso sientes que tus manos o mejillas se «queman», o sientes que todo tu cuerpo toma una temperatura elevada. Es ahí cuando tu cuerpo te avisa, a través de tus células, que estamos en la presencia de Dios.

Es la llama eternamente encendida, que ilumina tu camino donde quieras que vayas. Es el farol que ilumina nuestras tempestades, ya aclaradas anteriormente en el color amarillo. Es la llama encendida que jamás se apagará.

Desde este color, toda vibración genera energías.
Desde aquí, todas las cosas fueron hechas. Todas.

Este color te viene a indicar que, al estar en Su presencia, vuelves a ser creado en una nueva criatura. Por eso, cuando llegas ante Su presencia, vuelves a nacer siempre, porque en Él todas las cosas han sido hechas nuevas cuando vienen deterioradas o desgastadas.

¡No temas! Dios es quien convirtió el agua en vino, con matices que contienen parte de este color rojo. Tu sangre es de color rojo. Tu corazón y la llama de Dios es el reflejo de tu ser, porque fuiste creado desde el amor.

¿Qué sientes al leer estas palabras?

_____

_____

_____

_____

_____

_____

_____

_____

_____

_____

_____

_____

_____

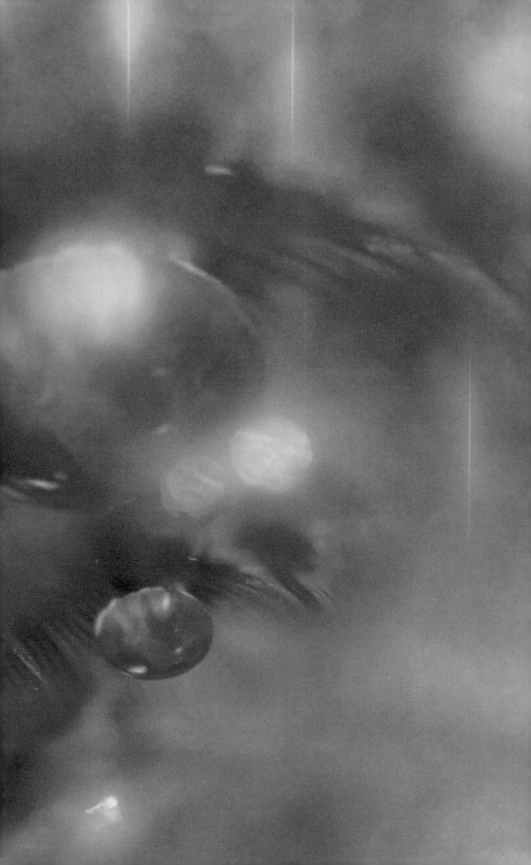

Azul

Alma espiritual, alma de Dios.

Pertenece a la llama que proviene del color rojo, que al pasar por el espíritu de Dios se transforma en llama azul.

Es aquí donde el espíritu de Dios se sumerge en un profundo mar, dando su baño espiritual en sabiduría y gloria.

Este color te entrega revelación verbal muy poderosa. Son revelaciones desde el alma de Dios hasta tu alma.

Aquí es cuando se genera la comunicación con Dios de una manera fluida y amable, y de manera generosa, porque Dios te entrega información valiosa que buscas en la Tierra (o en medio de ella), cuando es en el cielo el lugar perfecto donde la puedes hallar.

Aquí es cuando escuchas la voz de Dios.

¿Cuántas veces has necesitado esa conversación con Dios?

Si aparece mucho este color al cerrar tus ojos, o te sientes envuelto en él, comenzarás a hablar con Dios, y junto a Él irás confirmando cada proyecto o meta que te propongas. Él ira dando vistos buenos a tus propuestas, y debes saber que no hay proyectos malos, solo que algunos los quieres realizar a destiempo. ¿Qué es a destiempo? Es cuando aún no has tenido la experiencia suficiente en la vida para tomar proyectos donde no hay información previa como para prevenir o cerrar puertas a las fuerzas oscuras. Por eso Dios también te dará cierre de puertas, o te desviará de ciertas decisiones que desees tomar, porque, si no estás preparado, no dejará que te lastimes al abrir puertas de dolor. Pero si caminas pensando que Dios es quien habla contigo y que está pendiente de ti, sin tú decirle o comunicarle nada, es difícil que Él te pueda advertir de no abrir tales puertas.

Esta tarea es en conjunto. La vida fue hecha y preparada para que fueras feliz eternamente, mas el hombre confió en que nada malo ocurriría al no informarle a Dios de ciertas cosas o de sus decisiones a la hora de combinar la luz con la oscuridad. Así fueron abiertas las puertas que vinieron a destruir el mundo hasta el día de hoy.

Hablar con Dios es un regalo hermoso que te puedes hacer todos los días. A veces esperas regalos de terceras personas, cuando el regalo más preciado lo puedes generar tú, para ti, cada día. Todos los regalos que lleguen a ti serán ofrendas que pueden ser, incluso, hasta olvidadas; pero una palabra de Dios quedará grabada eternamente y no será desechada porque, aunque la olvides, Dios ha puesto ángeles a tu alrededor para que te recuerden lo que Él ha dicho a tu corazón en el pasado.

Dios jamás olvida las palabras que libera ante ti, porque sus semillas se vuelven palabras, tú te vuelves su tierra fértil y sus ángeles el agua que refresca cada semilla para hacer florecer en ti su vida eterna.

De ti depende no olvidar cada palabra de Dios. Él guarda cada palabra que sale de tu boca, y luego te hace recordar lo que le has dicho, y es ahí cuando activas tu consciente y decides lo mejor para tu vida.

El gozo eterno lo da Dios. El gozo vivo, en llama, lo da Dios. Por esto, su nombre se ha alabado en cada cielo y en cada amanecer que has visto como inicio y final de tus días. Que tus últimas palabras hacia Dios, antes de irte a dormir, sean:

«¡Oh, Padre! Gracias por hacer de mí una nueva persona en este día, porque mañana me levantaré victorioso y esta noche dormiré como un vencedor».

Dios guarda tu dormir y tu despertar en cada palabra que le brindas. Sigue en conversaciones con Él.

Dios hablará a tu vida claro, fuerte y con voz omnipotente; voz firme y segura.

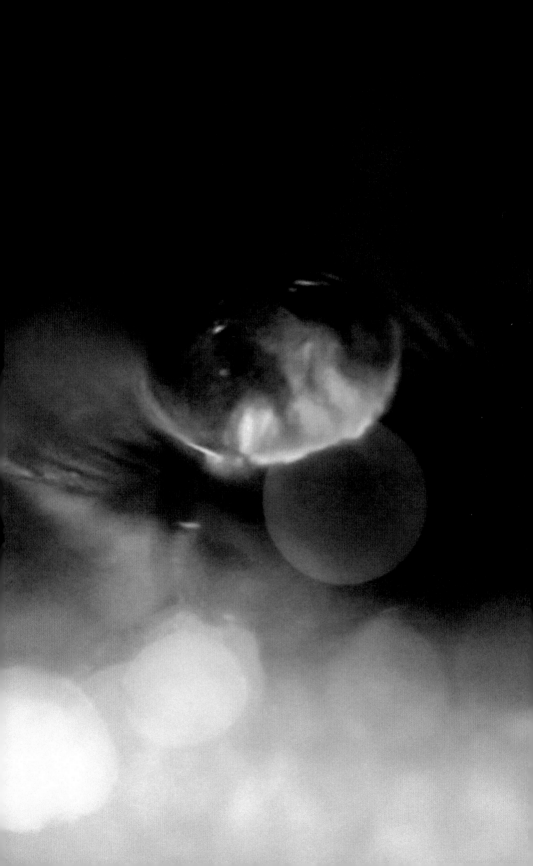

Negro

*E*ste color es nuestro duelo constante. Todos nacemos con una pena que traemos compartida con nuestra madre. Ella nos ha compartido su dolor. Cuando aún estamos en su vientre, recibimos todo lo que viene de su corazón, que baja hasta donde estamos nosotros. Cuando ya no somos capaces de contener todo el sufrimiento de nuestra madre, comienza a rechazar los alimentos que digiere, porque su pena ya pasó a su estómago y como hijos pequeños, aún no nacidos, no alcanzamos a sostener tanto dolor.

Luego de dar a luz, nuestra madre solo quisiera dormir. No solo quiere descansar por el parto mismo, sino también porque en el parto elimina todas las heridas que la hicieron sufrir y con las que caminó por mucho tiempo.

Por eso nacemos con una tristeza compartida.

¿Ahora te explicas por qué tantos hijos pelean con sus padres por simples motivos?

Ahora conocerás y entenderás las causas, ya que siempre encontraremos información cuantiosa y valiosa en la Tierra y en el cielo para poder descubrir los verdaderos cimientos de este masivo dolor.

Este color representa la oscuridad más densa y abundante. En estas esferas, el ser humano se siente perdido y sin saber qué hacer. Se siente abatido y descontrolado en sus emociones. Se siente con una ira incontrolable y con mucho miedo a la vez.

En esta oscuridad no podemos ver ni siquiera un círculo de luz, ya que nuestra madre le heredó información de lamento a nuestro principio de crecimiento, que se entregó en los primeros días y que llegó finalmente a nuestras neuronas.

Recuerda que todo lo hablaré como «nuestro» para que sepas que comparto y vivo contigo el dolor. Si no hubiese pasado por él, no podría explicar lo que sientes cuando te sumerges en la profunda tristeza.

Por eso mamá es una mujer valiosa y victoriosa por esencia. Ella ya ha tenido que luchar con las herencias dadas por su madre que, siendo tu ancestro, recibió fuertes vibraciones de dolor, al igual que tu madre y tú.

Aquí es cuando el dolor se ha compartido de generación tras generación.

Mamá sanará con tu llegada a este mundo. Sanará con tu sonrisa, con tus abrazos, con tus cánticos y con tus caídas, cada vez que quieras dar tus primeros pasos.

Pero hay dolores que son aún más profundos. Hay veces que algunas mujeres no logran ver en sus hijos la terapia más natural y perfecta para sanar. Se ciegan en el dolor. Alguien puede estar sumergido en el dolor y aun así estar con los ojos abiertos para ver dónde está ese rayo de luz de salvación. Aun así, hay momentos en el cual el dolor es mucho más intenso y ya no quieres abrir tus ojos.

Cuando ya no quieres abrir tus ojos, te pierdes, y vas caminando como un ciego atravesando las calles. Ahí se despierta tu tacto. El tocar las cosas e imaginar lo que es o podría ser, en color, forma, textura y suavidad, para así no tener solo que imaginar, sino que también puedas ver, sentir y oír sin obstáculos. Eso es lo que todo ser humano debe saber a la hora de venir a esta Tierra. Todos vienen sanos, porque desde donde vienen todas las cosas son hechas perfectas. Sin embargo, provenimos de generaciones dañadas, por eso muchas personas nacen con distintas enfermedades, ya que se han traspasado emociones de llanto, dolor, sufrimiento, miedo, ira, odio, rabia, y todo sentimiento impuro que puedas imaginar. Este es el resultado de un cuerpo enfermo cuando vaciamos el dolor a nuestro estómago. ¿Cuánto más si dentro del vientre de nuestra madre hay una luz formándose para nacer?

Te aconsejo mantener tus ojos abiertos para que, hasta en la oscuridad, puedas ver. Lo lindo de la luz de Dios, es que se deja ver hasta en la más profunda oscuridad. Solo debes decir: «Abro mis ojos dentro de la oscuridad para poder ver tu luz, Padre Celestial, y ven a mí, ven a mi encuentro, pido verte en tu mayor resplandor». Es así como comenzarán las manifestaciones. Deja que la luz real y verdadera entre en tu mundo de oscuridad para que salgas de ella, y así puedas recibir tu sanidad y todo lo que mereces por herencia divina y sagrada.

(Canalizado el 29 de septiembre de 2022)

Blanco

*E*spíritu blanco lleno de bondad y de luz cálida y agradable.

Esta llama de color blanco lleva en sí misma un fuerte calor, que entrega sanidad y luz de esperanza.

Todo aquel que vea este color blanco, ya sea como esfera o como figura, comenzará a sonreír de manera espontánea.

Este color trae alegría, cánticos, júbilo, visita sagrada y esperada.

Visitas angelicales estás recibiendo en todo tu ser. Cuando sientes tu casa fresca, acogedora, limpia y libre de cargas, es porque has recibido la visita de ángeles con un alto conocimiento espiritual.

Ellos vienen a limpiar y purificar tu hogar y tu ser. Cada órgano de tu cuerpo recibe esta luz blanca, porque cada uno de ellos sabe de qué se trata.

Tus órganos logran identificar el ser que va dentro de esa luz, solo por vibración. Cada color contiene partículas, átomos y secuencias de palpitaciones brillantes que generan una vibración. Estas partículas van comunicando, dentro de su esfera, lo que deben hacer en el organismo de la persona. Hay una partícula mayor que dirige a las otras, indicando lo que debe aportar una cada una. En distintas personas siempre será de manera diferente. Todo en el reino de mi Padre lleva un orden, y su orden también es sagrado.

Toda energía que entre en ti traerá códigos, partículas, átomos y cepas de vida. Estas últimas son aquellas que regeneran todas las células muertas de tu cuerpo. Por eso, cuando entres en terapias para sanar o te realicen sanación de alta frecuencia, los verás vestidos de blanco y, probablemente, te pedirán que vistas igual que ellos.

Este es el color de la más alta frecuencia para desear e intencionar tu sanidad.

Todo genera tu sanidad, así los distintos colores con los que se energizan las aguas. Puedes ocupar los colores ya revelados para cargar tu agua de energía, si tú así lo quieres, y buscar el color que necesites para tu sanación cuántica.

Todo genera tu sanidad, así mismo cuando usas una prenda de vestir. ¿Qué color de ropa usarás hoy para sentirte recargado(a) de energía? ¿Por qué tendrías que usar prendas tristes en un día de invierno? ¿Te pondrías prendas de colores vivos en invierno y colores de invierno en verano?

Elige e intenciona cómo quieres vestir y sentirte el día de hoy. Solo tú puedes elegir.

Con este color purificas tu espacio, tu casa, tu lugar. Con este color llamas a los coros angelicales, recibes armonía, sanidad, gloria, manifestaciones, mensajes, confirmaciones y visitas poderosas, para llenarte de la paz más elevada.

Este color revive cada célula muerta. A través de él se van regenerando tus células y, así mismo, nacen nuevas. Tú eres tierra fértil para cada código y para cada vibración, en definitiva, para cada color.

(Canalizado el 24 de noviembre de 2021)

Analiza la primera lluvia

Cuando la lluvia tardía cesa, los pájaros salen a cantar y tienen espacio para poder danzar. Así también, cuando llega la lluvia, ellos se esconden y ¿sabes por qué? Ellos se esconden y observan cómo esa lluvia limpia todo el recorrido que han hecho.

La lluvia tardía viene con más fuerza, con más potencia. ¿Sabías que la lluvia tardía también es energía y que trae sus propios colores?

Busca un lugar tranquilo desde tu ventana. Te aconsejo estar sentado(a) para comenzar a observar la lluvia cuando sea la temporada. Analiza la primera lluvia, del primer mes de la estación de invierno. Te prometo que te daré revelaciones. Contempla, de igual manera, el mar de los perdidos, ya que es ahí donde caerá también lluvia tardía.

La Tierra completa recibe las bendiciones del cielo. Se viste con majestuosidad, elegancia y honor.

No busques contemplar las maravillas del sol en los lugares oscuros de la Tierra, más bien busca lugares de luz que te envuelvan a la hora de admirar el sol.

Todo lo que ves tiene energía, pero no todo lo que piensas tiene luz. Las sombras de la oscuridad también las puedes encontrar en este plano. A pesar de que la oscuridad fue apartada de la luz, esta aún habita en la Tierra.

No confundas la luz artificial con la luz natural y real. A pesar de que el oro brilla, pierde su color y brillo original una vez que es procesado. Quedan las réplicas, mas no lo original.

(Canalizado el 3 de octubre de 2021)

La luz del mundo eres tú

Quiero dedicarte unas cuantas líneas.

Agradecerte, en primer lugar, que me hayas dado cita para que me puedas conocer, leer y escuchar.

¿Sabes por qué digo «escuchar»? Porque le hablo a tu corazón.

Mi voz es reconocida por muchos, más debo decirte que quien reconoce mi voz y puede transcribir o interpretar correctamente mi voz, es el corazón.

Los que perdidos caminan, ponen su corazón a disposición de otros asuntos u otros órdenes de cosas. La potestad divina tiene una regla: hablar a quien quiera escuchar. Los que están aún más perdidos, están en vigilancia por seres divinos para que puedan salvarlos de los ataques que vienen de la oscuridad. Sobre ellos hay abundante oración y petición de seres queridos como papá, mamá, abuelos y amigos, quienes oran por ellos para que nada malo les vaya a suceder. Así estarán protegidos. Pero ¿y sus corazones? ¿Estarán escuchando la voz del sol supremo, el sol mayor? Es muy difícil, ya que no desean escucharlo ni atenderlo.

La oscuridad profunda hace que la gente, o la persona, se pierda aún más en la oscuridad. Jamás atenderá a la luz. En cambio, la luz atenderá el llamado de quien, estando en la oscuridad, haga el llamado correcto diciendo así:

«DIOS, VEN Y SÁCAME DE AQUÍ».

Quiero que sepas esto.

Las injusticias ocurren en la oscuridad y la justicia en la luz.

Cuando estás en caminos rectos y limpios siempre habrá justicia constante en tu vida. En cambio, cuando estás en la oscuridad vienen actos, hechos y decisiones que crean realidades injustas e injustificadas para ti, hasta que entiendas y veas que aquello ocurrió lejos de la luz.

No hagas compromisos humanos cuando estés mal, cansado o deprimido, porque no los vas a cumplir.

La luz contiene energía vital, cordial y suprema. Busca todo ahí, porque las respuestas que quieras oír solo vienen de la luz real.

¿Cuál es esa luz real?

La luz real es la que proviene de tu corazón, del sentir más puro y honesto que tiene el ser humano y con el que convive todos los días. Ahí fue depositada parte de la luz más poderosa del universo.

¿Has dimensionado lo capaz que eres cuando creas algo y lo llevas a cabo?

¿Sabes cómo logras eso? Desde la fuerza de tu corazón.

(Canalizado el 3 de octubre de 2021)

Los hijos de Dios en la Tierra

Los hijos de Dios en la Tierra tienen grandes responsabilidades y tareas por cumplir, pero no todos saben, o reconocen, cuáles son sus responsabilidades.

Las tareas y obligaciones nacen de un acuerdo formal. Asegúrate siempre de escuchar tu parte para que hagas un buen trabajo.

¿Cuál será tu tarea el día de hoy? ¿La has oído?

Entre tus grandes responsabilidades aparecen diversas tareas cotidianas, ¿has logrado escucharlas y cumplirlas?

Las ordenanzas no siempre son buenas, porque vienen recargadas de una autoridad máxima y aquel que no lo entienda bien, lo tomará como «el amo y el servidor». Eso no ocurre desde la luz. Desde la luz las tareas son llenas de responsabilidades. Quien tenga luz en su corazón, y sea consciente de ello, sabrá que no es una orden, sino un bien ordenado con amor.

Se te aconseja. Se te muestra. Te hacen sentir lo que se te pide que hagas, pero al venir desde el amor, deja de ser una orden impuesta. Esta última no lleva amor, porque te quita tu propia voluntad y no eres escuchado. Desde una orden divina se te pide lo que te gustaría, o te gusta, hacer. Nada es impuesto. Todo va tomado de la mano contigo, con tus anhelos y deseos. Lo impuesto siempre traerá caos, porque se pierde el primer amor.

En cualquier paso que vayas a dar, fúndete en amor. De esa manera podrás iluminar todo tu ser y así podrás tomar decisiones justas, correctas y llenar tus pies de luz. Ya sea descalzo o no descalzo.

Si quieres caminar en esta vida protegido, llénate de amor. Dirás, ¿cuál amor? ¿El que me entrega mamá? ¿Papá? ¿Mis hijos? ¿Yo? ¿Mis maestros?

Yo te diré esto: llénate del primer amor. Del primer amor que contiene las grandes fuerzas de amor que dieron como resultado tu creación.

Un padre ama, siente y se equivoca. Es tu padre terrenal.

Una madre te mantiene abrigado por nueve meses y lucha con todas sus fuerzas para tenerte, y da a luz su amor: su hijo.

Tus hijos, tu gran obra maestra, son tu orgullo y felicidad. Te cuesta reconocerte y amarte. Tus maestros te guían y ayudan a que te mantengas iluminado.

Ahora bien, el primer amor te ha creado con sus fuerzas magníficas. Ese creador es un pintor, es un artista que creó su mejor obra de arte. Creó, desde el amor más profundo, la belleza de él mismo. Tú eres la belleza de Dios en la Tierra.

La contemplación de la luz verdadera eres tú. Aunque te desvíes de ella, y vuelvas nuevamente a la luz, te darás cuenta de que jamás la has perdido.

Los regalos del cielo jamás se pierden, mas tú cuántas veces los has rechazado por andar en oscuridades que no te dejan ver lo divino de la vida.

Tu perfección siempre estará en el corazón, ahí es donde el gran artista dejó todas las herramientas que utilizó para tu creación, con las cuales tú podrás seguir creando. Si Él pudo, tú también podrás.

(Canalizado el 5 de diciembre de 2021)

El valor de la familia

¿*C*uál es el valor de la familia? ¿Cuándo está completa? ¿Cuál es el valor de la familia cuando falta un integrante?

El valor de la familia es íntegro, y no se pierde por ninguna razón o motivo. La familia es familia por siempre. No podemos decir que somos hermanos (sin llevar la misma sangre) y desintegrar un clan familiar porque un integrante ya no está.

Ningún padre puede decir «Él no es mi hijo», si lo reconoce como tal. Aunque lo negara, su sangre le recordará quién es quién y qué rol cumple cada uno en su modalidad de padre o de hijo.

Ningún hijo puede decir «Él no es mi padre» o «Aquella no es mi madre», cuando proviene de ellos mismos; mas quien habla en ese caso es el enojo y la rabia. Es el egoísmo propio por no permitirse aceptar y sentirse merecedor de ser hijo, padre o madre, según el rol que le corresponda.

No se pueden negar los roles. No se puede negar un rol, porque si lo niegas te haces a un lado, te apartas de tu clan y renuncias a tus beneficios por no sentirte parte de él.

Te hago esta pregunta: ¿alguno de tus padres renunció a su derecho como hijo(a) con sus progenitores?

Si la respuesta es «sí», probablemente hayas dejado el nido, y te hayas ido a otra ciudad, país o casa. Si la respuesta es «no», tienes ahora el deber de concientizar tu deber como hijo.

Quiero decirte que valores a tus padres. Quiero decirte que valores a tus padres como tal. Como padres, ese es el principio. Como ellos desarrollen y cumplan su rol, es lo segundo.

Lo primero es no rechazar tu rol, para que así no renuncies a los beneficios que te da el ser consciente de que eres parte de tu clan. Si atesoras tu regazo con amor, si le das amor a tus padres, si eres padre y aceptas tu rol como tal, si le das amor a tus hijos, si eres esposo y te sientes feliz de la mujer que tienes a tu lado y si te sientes un esposo amado y orgulloso, todo eso trae como resultado tu felicidad. Si al mirar a tu esposa te crea una sonrisa en tu rostro por la felicidad que ella te da, créeme que te has ganado el premio mayor. Es el mayor regalo que hoy puedes tener. Cuán desgraciado es el hombre que prefiere borrar su sonrisa por estar con la mujer que no ama, mas se obliga a quererla y dibuja una sonrisa falsa en su rostro. Ocupa lo sagrado de su cuerpo para falsear su sonrisa. ¿Crees tú que ese hombre tiene el premio mayor? Claro que no. Luego se preguntan «¿Por qué he sido tan infeliz en esta vida?». La respuesta es simple: ¡porque no te das el derecho de ser feliz! Porque prefieres sufrir pensando que esa es la mejor manera de amar. Porque prefieres dibujarte la sonrisa que hacer feliz a otros, según tú, bajo el engaño y la mentira. Buscas en tu interior cómo seguir haciendo feliz a otros, cuando olvidas ser feliz tú primero.

Un payaso se ríe de sí mismo antes de hacer reír a otros en su propio espectáculo. Ese es el verdadero payaso, aquel que disfruta de lo que hace. Si tú falseas tu sonrisa, es porque no disfrutas lo que haces. Porque no tan solo no te hace feliz estar con aquel o aquella, sino tampoco eres feliz con lo que haces, y buscas pintarte la sonrisa en cada momento, en cada mañana y en cada capítulo de tu vida.

¿Te darás más tiempo para el engaño? ¿Te darás más tiempo para el olvido? ¿Te darás más tiempo para el dolor?

¿Cuán infeliz eres cuando ves a otros que decidieron ser felices, mas tú miras a tu lado y no hallas esa felicidad? Si no eres feliz como el payaso que crea su espectáculo para disfrutar él mismo de su *show*, ¿podrás ser feliz tú creando sonrisas falsas, que luego traerán lágrimas de dolor por la traición?

Recuerda que todo principio debe ser respetado. Lo primero es sentirte parte de tu familia, porque cuando formes tu propia familia te vas a excluir, ya que nunca te sentiste parte de ella: padre, madre y hermanos. Si este principio fue saltado, créeme que cuando formes tu propia familia no verás la grandeza que has formado. Desvalorizarás a tus hijos, a tu esposo(a) y hasta a tus propios animales.

Al hombre o a la mujer que hayan hecho sentir que no pertenece a su clan, sufrirá todos los días. Ese dolor se hace eterno, porque no se sienten parte de ningún lugar. Tus espacios vacíos en diferentes moradas van creando una historia que, a pesar de que tú no la veas, está llena de hechos importantes e invisibles. Todos los días creas una nueva página en tu diario de vida. ¿La escribes? ¿Te imaginas cuántos cuadernos o libros harías si escribieras tu día a día?

¿Cuántas páginas narradas llevas de tu vida? Quizás dirás: «No es necesario, llevo todo en mi agenda mental». Mas yo me pregunto: ¿la ocupas solo para guardar información? ¿Por qué no ocuparla para liberar el dolor? ¿Por qué te es más fácil guardar que reciclar? El ser humano acostumbra a retener información, porque así se siente un computador mecánico que guarda fechas, memorias, actos y un sinfín de cosas más. Al ser humano le cuesta soltar esa información, porque las inserta en su agenda mental y las archiva como parte de su inventario en vez de reciclar.

¿Has reciclado alguna vez? ¿Has visto cómo se recicla? Imagina que frente de ti hay un basurero nuevo, grande y de un material resistente. Imagina que está frente a ti. Comienza a ver los archivos de tu memoria, ¿Qué archivo te gustaría abrir? ¿De qué año? ¿De qué estación del año? ¿De qué edad? Cuando lo decidas, abre ese archivo y comienza a limpiar. Deja aquello que no desees y tíralo al basurero. Conserva los hechos que desees dejar archivados. Esto significa que la primera limpieza será un tanto superficial. Deja que pase un tiempo y vuelve a pedir la misma carpeta. Haz el mismo ejercicio y te aseguro que reciclarás el 70 % de lo que guardaste de la primera limpieza. ¿Por qué? Porque cuando vuelvas a limpiar, te va a incomodar verte como una nueva persona con el 30 % que quedó de tu antiguo *yo*. No van a empatizar, no van a congeniar, no habrá química. El ejercicio cumple su función cuando tú decides limpiar ese archivo, de lo contrario seguirá siendo parte del inventario.

¿Nos vamos entendiendo con la lectura? ¿Te hace sentido la explicación? ¿Ya te vas imaginando qué acontecimiento de tu vida ves como el primer archivo para ser limpiado? ¡Claro! En eso estás ahora. Quizás vayas por un cuaderno y un lápiz, y quieras hacer tu primera limpieza mental. ¿Encontraste un cuaderno? ¿Encontraste tu lápiz favorito o lo harás mentalmente? ¿Quieres trabajar tu mente para escribir lo que quieres sacar de tu archivo? Me pregunto: ¿para qué lo vas a escribir si lo que quieres es soltarlo? ¡Por eso, cuando quieras limpiar tus archivos lleva un basurero! Así lo botarás. No lo escribas, porque al leerlo lo vuelves a guardar. ¿Cuántos recuerdos? ¿Cuántas mentiras? ¿Cuántos suspiros? ¿Cuántos temores? ¿Cuántos rumores? Ya con lo que vas a botar es suficiente para llenar ese basurero.

(Canalizado el 9 de enero de 2022)

Nuestro mundo interior es como una casa

Nuestro mundo interior es como una casa. Si vas por la noche caminando con la luz apagada, no verás lo que en ella hay. Si la casa tiene poca luz, verás a medias todos los detalles y las mínimas cosas que hay dentro de ella.

Ahora te pregunto: ¿qué pasaría si las ampolletas, o los focos de la casa, tuvieran una fuerte intensidad de luz? ¿Qué respuesta darías?

El mundo espiritual te viene a revelar que tu mundo interior no puede vivir sin luz.

Tienes unos ojos hermosos para ver el interior, pero si no hay luz, ¿cómo puedes mirar lo que hay a tu alrededor? Se necesita de luz para poder iluminar el interior. Tu hogar es tu espíritu. Desde ahí viene la espiritualidad. No creas en todo lo que está fuera de ti, porque cuando caminas con poca luz, ¿qué puedes encontrar en tu hogar? No vas a ver todo lo que has comprado para decorarla y son grandes los detalles que se pierden. No vas a ver dónde está lo que necesitas.

Ahora bien, ¿qué luz debes ocupar para iluminar tu interior? ¿La luz natural o la luz artificial? La luz artificial solo ilumina lo que ves por fuera. Si ves un mueble cerrado, ¿cómo sabrás lo que hay por dentro con luz artificial? En cambio, con la luz verdadera, la luz real, se iluminan todos los rincones de tu hogar. Podrás ver hasta las cosas que están dentro de los muebles cerrados, desde donde estés, desde donde quieras mirar. La luz real, la luz natural, es la luz del día.

Podrás ver, por supuesto. Al igual como cuando ves con la luz artificial, solo verás por fuera, pero no por dentro de los muebles cerrados. Ahora, ¿ya sabes cuál es la luz verdadera?

Aquí tienes la respuesta.

La luz verdadera es la luz que tiene la intensidad infinita para iluminar todo lo que está dentro y fuera de este mundo: este sistema solar, pequeñas y grandes esferas, dimensiones, galaxias, etc., y todo lo que aún no se sabe o no se descubre todavía. Solo la luz real puede iluminar este infinito.

Para que el mar pueda ser mar necesita de una intensidad, y esa intensidad que tiene fue creada desde la luz real.

Para que el cielo sea estrellado, el cielo celeste o una noche oscura, necesita de una intensidad que lo mueva del día a la noche, ¿y quién da esa intensidad? La luz real. Entonces, si quieres mover algo de tu interior que ya no deseas en tu vida, deja que la intensidad de la luz real mueva esos espacios vacíos, esos espacios muertos, que ya no te permiten avanzar.

Cuando alguien te dice «Arranca de raíz la mala maleza», has de saber que solo la luz real lo puede hacer.

Deja que esta luz llamada Dios, Yahvé, amor, fuerza, energía (como le han llamado), pueda correr de tu mundo espiritual a aquello que tus ojos humanos no puedan ver. En esta vida tendrás vacíos y tiempos muertos, y es ahí donde debes pedir y solicitar que sea Dios, así como lo conoces, quien mueva de tu vida aquello que ya no quieres más.

(Canalizado el 16 de enero de 2022)

Desde el dolor

*D*esde el dolor salen las mejores meditaciones. Te has dado cuenta de que cuando estás con grandes penas, dolores o te sientes en sacrificio, es cuando más en silencio estás pensando, dándole vueltas al asunto y repitiendo las escenas vividas en tu memoria cada segundo. ¿Has notado cómo meditas? Si puedes meditar en lo mal que lo estás pasando, por qué no te acostumbras a meditar en lo bueno de tu vida y en lo que te llena de paz. Acostumbraste a tu mente a pensar y a meditar en lo que no te hace feliz. No sabes lo mal que te hace aquello que amarga tu interior. Lo interno se pudre cuando estás pensando y pensando, una y otra vez, y vas llenando de oscuridad tu interior. ¿Te das cuenta de todo lo que cuesta salir de la oscuridad almática?

Es una problemática todo esto, ya que desde el primer minuto estás diciendo: «¿Qué hacer?». Pero dentro de esa oscuridad con la que estás llenando tu alma, ¿qué crees tú que puedes decidir desde tu interior, si todo está lleno de oscuridad?

El lenguaje del alma tiene un color. Recuérdalo. No lo olvides. Cuando estés muy desesperado(a), imagina cómo sería tu alma dentro la luz como tu fuente. ¿Será que aparece tu color favorito para revelarte que es el color de tu alma? Pues bien, ahí ya tienes la primera revelación del posible color que puede tener tu alma. Imagina que tu alma está hecha de ese color. ¿Qué es lo que verás? ¿Solo una esfera de tu color favorito?

¿Recuerdas que te enseñé a mirar los problemas desde afuera? Así mismo, mira desde afuera el color de tu alma. Comienza a ver, a sentir, a observar cada cosa que te llegue. ¿Sabes lo que pasará? Olvidarás lo malo de la situación. Lo llegarás a borrar a tal punto que no estará más en tus pensamientos. ¡Ponlo en práctica! ¡Hazlo! Son simples pasos que no te tomarán mucho tiempo terrenal. Sí te tomará mucho tiempo en el espacio, porque para hacer este ejercicio, tu alma, tu cuerpo y esencia se sitúan en otra dimensión, ya que al verlo desde afuera te trasladas a un espacio distinto para llegar a olvidar. Tienes tu esencia en otra dimensión, que es tu segundo *yo*. Es la voz de tu alma la que se encuentra también como eco en esta dimensión, que podrías llamar «tu hogar», a donde vas a volver. Es tu otra piel, tu otra capa, la que está esperando por ti. La vuelves a usar el día que salgas de esta Tierra y pasas a una vida mucho más amena en lo que respecta al respeto hacia tu *yo* y hacia los demás.

Todo se transparenta después de la muerte, porque no todo ha sido revelado, mas no todo se puede revelar. La Tierra tiene mucha energía que bloquea lo que Dios quiere revelar.

(Canalizado el 23 de enero de 2022)

Rivalidad que divide al hombre

Cuando el hombre ama, en su corazón, forma la unión.

Solo se construye la rivalidad cuando el hombre, por sí solo, tiene guerras no resueltas en su corazón. Ahí es cuando llama en su inconsciente a que genere rivalidades y guerras internas.

El pasado, siendo pasado, lo mirarás como lo mejor que tuviste. ¿Te has fijado cómo cruzaste el pasado? ¿Lo cruzaste con felicidad, rabia, enojo o a temperaturas altas a nivel consciente? Esto quizás quiere decir que había un descontrol mental cuando cruzaste tu pasado. ¿Has soñado alguna vez que tu propósito de vida ha sido ser valiente para mirar nuevas batallas, nuevos campos y nuevos recursos? Tu propósito es alejarte de las rivalidades y mantenerte en paz. Ese es tu primer propósito. Tu segundo propósito es mantenerte abierto a todo lo que el mundo te mostrará. Si te cierras a uno de ellos, te bloquearás. Esto no significa creer en todo lo que el mundo te presenta, solo quiere decir: «Mira, contempla y observa».

Si para ganar una batalla tuvieras que ver morir a la persona que eres, ¿lo harías? ¿Morirías a la carne, a los pensamientos obsesivos y a tus propias rivalidades internas? ¿Podrías dejar de ser tú para ganar una batalla? Solo pregunto para saber si estás dispuesto a despojarte de todo para ganar.

Los cambios energéticos ocurren cuando la persona solo quiere vivir en paz. ¿Has hecho la prueba?

Cuando tu alma e inconsciente grita «¡Quiero paz! ¡Quiero paz!», ¿qué es lo que viene a ti después de decir esas palabras?

Vienen las transformaciones más lindas de tu vida. Si no lo pides, te quedas dando vuelta en movimientos circulares, y repites una y otra vez los mismos hechos de siempre. Te aconsejo que salgas de ahí, porque tu paso por esta Tierra, junto a tus hermanos, se hará un poco aburrido.

Los altos y bajos en la vida no son malos. Lo bajo te dice: «Recupera tu paz, puedes hacerlo ahora ya». Tú decides, en el minuto, tener paz. A veces te has tomado largos tiempos para poder decidir, pero yo te digo: «Es más fácil cambiar ese pensamiento en un minuto y que lo materialices en un segundo, a que vivas toda una vida esperando tomar una decisión».

Las decisiones son parte del ser humano. Tomas decisiones cuando deseas salir de un estado circular, monótono y giratorio. Cuando quieras salir de aquello que te hace mal, ¡solo hazlo! Hazlo sin temor.

¿Te puedo enseñar cómo caminar sobre las aguas? Pues bien, aquí vamos con la explicación que aconsejo leer muchas veces para entender en profundidad.

Para poder caminar sobre las aguas, deberás primero disfrutar, mirar y observar tu presente. Y por favor hazlo en profundidad, porque vas a caminar sobre los niveles más profundos del mar. Por eso debes llegar a lo más profundo de tu situación actual para salir de ella. Si es eso lo que deseas.

Bien, al mirar y contemplar la profundidad de tu presente, encontrarás cosas que antes no podías ver. Te darás cuenta de lo equivocado que estabas para con esa persona. Te darás cuenta de lo que no había, no era y no existía, que solo tu imaginación lo estaba generando, pero no tu corazón. Piensa, siente y percibe en verdad y en luz si quieres mirar todo aquello que está en tu presente y hazlo en profundidad.

¿Te has dado cuenta de todo lo que encuentras en tu hogar cuando te pones a buscar a aquello que no hallabas y dices «Estoy seguro de haberlo dejado en este lugar»? Y comienzas a levantar todo y a recuperar aquello que habías olvidado. Así mismo te ocurrirá a ti, porque cuando miras en profundidad te darás cuenta de que tienes, en ti, en tu interior y en tu hogar, más de lo que no podías ver. Cuando estás enojado se bloquea toda claridad. Recuerda que, sin la luz real, no puedes hallar lo que está cerrado dentro de un mueble. En cambio, cuando empiezas a escarbar, a buscar y a profundizar en tu presente, hallas todo aquello que es tuyo pero que habías olvidado que tienes. Qué bello, ¿cierto? Y qué lindo cuando encuentras algo que es tuyo y que no te acordabas que tenías. Qué lindo es saber que tienes más de lo que suponías tener.

He escuchado a muchos hablar y decir «No tengo nada»; y, al mirarlos con mis ojos de amor, veo la grandeza y lo hermoso de lo que están hechos.

¡Si supieras cómo fuiste creado!

¿Te gustaría saberlo?

Fuiste creado en un espacio lleno de colores divinos, con energías y frecuencias de la más alta vibración. Hay tecnología de diferentes dimensiones. Hay abundancia de otros mundos. La abundancia terrenal es una cosa, mas yo te hablo de una abundancia interespacial, donde todos son felices al no existir egos ni materialización de especies, solo se agradece lo que nos llena de verdad, que es la frecuencia más alta: **El Amor.**

Fuiste hecho con la frecuencia que mueve a todo el universo: la fuerza infinita del amor. Ese lenguaje es fantasía para muchos, pero para quienes han encontrado esa frecuencia lloran de felicidad.

«Al que más tenga en la Tierra, sea llenado de amor, porque lo va a necesitar, así podrá seguir en su grandeza material».

Sin amor, las cosas, las personas y las sanidades no podrían existir. Los milagros ocurren cuando la persona tiene la frecuencia más alta en amor. Cuando alcanzas esta energía, te vuelves uno más de los que conforman el reino de paz.

El amor te da paz. El amor te da la intensidad y la seguridad para poder cruzar y caminar sobre el mar.

No olvides esto por favor:

Para cruzar este mar alterado (que puede ser una situación difícil por la que estás atravesando), debes vibrar en amor, eso te dará la seguridad para atravesar ese momento incómodo y lleno de infelicidad. Ese es el secreto revelado: el amor. Desde ahí fue creado todo el universo, tu mente, tu espíritu, tu ser completo, las galaxias, los mundos paralelos, los rincones escondidos y más. Todo fue creado desde el amor. Por eso cuando Dios te dice que eres su perfección, está diciendo: «Te creé desde mi infinito amor». Y su amor es perfecto.

Cuando dices «Me han hecho daño», ¿cuánto más daño te has hecho hablándote mal a ti mismo y hablando mal de los demás? Ese daño es el más letal, porque estás dañando el principio de la creación, la energía y la vibración más alta: el amor.

Por eso baja tu vibración y tus niveles de energía. Te comienzas a dañar diciéndote que no vales, que no eres suficiente, que no eres capaz, que no estás preparado para la siguiente batalla o desafío, que no podrás ser amada(o) porque nadie te ha amado, que no podrás llegar a cumplir tus sueños y objetivos porque no tienes recursos o dinero para alcanzar aquello que te propones y te hace feliz. Por pensar así de ti mismo te dañas considerablemente. Es un daño que genera una agonía, y esa agonía llama a la falta de oxígeno. ¿Cómo podrías seguir viviendo? No mates los hermosos regalos dados por nuestro Padre. No te dañes ni dañes a otros, que ya llevan sus propias batallas. ¿Por qué darle un caos a alguien que solo quiere paz y vivir mejor? ¿Para qué darte inseguridad y descontrol, si puedes estar en equilibrio y paz? Por eso te invito a que practiques, que hagas buenas prácticas y hables de lo que realmente importa hablar, de lo bien que lo has hecho. Si te has dado cuenta de que ibas por un camino raro y difícil, te has replanteado el sendero y cambiaste de ruta, es porque tu pantalla virtual te reubica cuando te has salido de la ruta marcada para llegar a tu destino, ¿verdad? Pues, eso mismo haz con tu vida cuando sientas que tomaste un camino fuera de ruta para llegar a cumplir tus sueños.

Recapitulemos: las rivalidades del hombre se crean desde el conflicto que lleva internamente, y lo expone con sus pares. Caminar sobre las aguas es posible en amor, la más alta vibración desde donde has sido creado. Solo habla palabras de amor y así no lastimas tu alta frecuencia y no bajas tus niveles de vibración. Hazlo por siete días y siete noches, y verás cómo te acostumbrarás. Ahí verás tu verdadero cambio. Siete días y siete noches. Te invito a que solo hables de cosas lindas que vienen del corazón puro, la más alta vibración. Verás cómo cambia tu estado de salud, tu estado mental, tu estado corporal. Verás cómo cambiará la vibración de tu alma, cómo tu aura tomará otro color, cómo tu mirada se llenará de un brillo especial y hermoso, cómo tu rostro toma una belleza perfecta, cómo lograrás mirarte desde un amor mágico que te enamora de ti mismo, para amar y enamorarte de otros.

Cuando estás en una relación de matrimonio, sin leyes, solo están juntos. ¿Te has dado cuenta de los conflictos que se originan en este tipo de relaciones, así como en otras también? Es por la falta de vibración de amor. Cuando no tienes una alta frecuencia de amor, se vienen muchas pruebas difíciles para que logres reconectar con tu verdadera fuente de creación. Por eso, cuando vayas a iniciar una relación de amor, de familia, de amigos, etc., asegúrate de estar en una frecuencia alta de amor, para así no dañar y no ser dañado, porque el desamor no se une con el amor, viven por separado. Cuando dos personas se unen en matrimonio, si uno de ellos está en la baja frecuencia de desamor, el que esté a su lado estará igual o peor. Aquel que esté en alta vibración de amor, atrae a la otra persona a la frecuencia de amor. Ambos estarán en igual «vibración alta de amor».

La casa de mi Padre, que es tu casa, siempre está en la frecuencia más alta, porque ahí se vive con alegría, con agrado, con respeto, con regocijo, con júbilo de lo alto. Por eso quedó escrito que mi Padre se encuentra en las alturas, porque el campo vibracional es el más alto: el amor, recuérdalo.

Cuando el amor está ausente, muchas cosas deberás pasar para comprender y entender que el amor es lo que te hace inmensamente feliz. Cuando no hay amor hay confusión. Cuando no hay amor hay dolor. Cuando no hay amor hay perturbación, descontrol y desolación. Cuando no llevas el amor en ti, te falta mucho para alcanzar la paz y el entendimiento que necesitas.

¿Dónde está el amor?

El amor está ubicado en tu interior, porque es el motor de energía que te da la vida para permanecer en este mundo. Cuando se acaba el amor, todo muere, todo se destruye, todo se carcome, todo se apaga, y ya no hay nada más qué hacer en ese lugar.

Cuando no hay amor todo se marchita y no hay lugar para estar ahí. ¿Qué te quedarás haciendo en un lugar o campo cerca de una persona que no te brinde amor? ¿Te quedarás ahí? Te aseguro que, si te quedas ahí, vas a sufrir. Ve, mira y halla el amor en otro encuentro, en otro campo, en otro lugar. A veces aquel que miras como desamparado, tiene más amor por brindarte que aquel que aparenta estar lleno de amor. La lógica es así, te dicen que aquel que más feliz está por fuera es porque lleva amor por dentro, pero ¿dónde está la felicidad? La felicidad está en aquello que fluye de manera natural, en aquello que solo miras, tocas y sientes una felicidad que cala todo tu ser. La felicidad real es cuando unes la luz, la paz y el amor. Ahí está la verdadera felicidad.

¿Dónde la buscarás cuando llenes tu interior de luz, paz y amor? ¿Ahí podrás decir que eres realmente feliz?

Busca la luz para iluminar tu camino. Recibe la paz para recordarte siempre que aquella tormenta solo traerá dolor, sufrimiento y que cuesta salir de ella. Envuélvete en amor, como tu escudo protector, ya que es la más alta vibración que espanta todo lo que venga desde la oscuridad.

Si lloras en este momento, es porque te estoy dando en mis palabras el amor más alto que siente mi Padre por ti. Porque te queremos recordar el inicio de tu creación. Queremos que recuerdes cómo fuiste creado, con el amor más puro, inmenso e infinito que dio mi Padre por nosotros. Es tu Padre, si tú así lo deseas.

Entender su amor por nosotros, es más sencillo de lo que te imaginas. Es un amor que tiene corrientes intensas que te llevan a estar en paz, luz y amor. Él te envuelve en este momento con su manto protector para que te fundas en él y sientas el amor que dio para tu creación. Regocíjate en este momento de su amor, y vuela a través de su espíritu, para poder entrar en un viaje que te llevará a su encuentro. Este regalo quiero que lo vivas ahora que lees estas palabras. Por favor cierra tus ojos y disfruta este viaje hacia Él, hacia su amor. Luego cuéntame, en estas líneas, qué fue lo que viviste junto a mi Padre. Te invito a cerrar tus ojos y a disfrutar de su presencia y de su amor.

¿Cómo fue tu encuentro con nuestro Padre?

_____

_____

_____

_____

_____

_____

_____

_____

_____

_____

_____

_____

_____

_____

_____

_____

_____

_____

_____

_____

*E*ste es el principio del amor. Si no sabes amar, si no sabes qué hacer por ti para ser amado, si no sabes lo que es el amor, la respuesta es una: solo hay un ser que puede darte y enseñarte a descubrir el amor real. Tienes ante ti al mejor maestro, al ser supremo, que con su inteligencia suprema puede darte las mejores charlas y conversaciones sobre el amor.

¿Quieres saber sobre un tema en específico? Busca a Dios, busca su amor, porque es tu base, es tu principio y desde ahí fuiste creado.

¿Quieres saber cómo es vivir en paz? Busca a Dios y su infinita paz. Lo hallarás como si estuvieses en el alba de un bosque con una brisa suave y densa a la vez. Así te sentirás y así te mirarás. Un ser omnipotente te envuelve completamente en su paz, y su paz aleja todo miedo y tempestad. ¿Sabes por qué a los que no aman y no saben amar les molesta la presencia de Dios? Porque esa paz los asusta, los debilita, y el orgullo empoderado jamás querrá sentirse debilitado. La paz de Dios es tan inmensa y profunda que aleja por sí sola a todo aquel que no quiera vivir en su amor, que es el único amor real. Desde aquí viene el amor real de un padre o una madre por sus hijos. ¿Sabes cómo es ese sentimiento? Imagina cuánto más te ama Dios, cuando te creó desde ese profundo e infinito amor.

Muchos no saben de lo que hablamos hoy. Porque decir que Dios te creó en amor y luego decirles a sus fieles que son merecedores del castigo de Dios, es espantar a Dios de sus iglesias, es darle la bienvenida a nuestro Padre y decirle después: «Vete, ya no eres bienvenido, sal ahora mismo de este lugar». Todo aquel que vive en amor jamás ahuyentará a otro, jamás lo hará. Porque solo aquel, o aquella, que está lleno de su espíritu, amor y verdad, sin importar creencia o religión, podrá dar luz, amor y felicidad a otros.

El que gobierna en amor edifica.

El que decide en amor, va por buen camino.

El que disfruta su llanto, en medio del amor, se edifica a sí mismo como un gran servidor de paz.

El que canta, cuando su dolor lo ha vencido, es porque desde el amor siempre saldrán palabras y susurros de luz.

El que ensucia sus manos por ayudar a otros siempre tendrá grandes recompensas materiales y en salud, porque con ambas podrás seguir ayudando a quien más necesita, a quien tiene necesidades del alma, del corazón y de vida.

El que ayuda a aquel que siempre tiene y le sobra, es porque no se ha visto a sí mismo y no ve sus propias carencias, más bien es feliz viendo cómo otros siguen aumentando su riqueza. Y eso es amor, es el amor por otros. No es consciente de que ha encontrado el amor hacia otros y está viendo el amor que llevan ellos por dentro, mas no el de él.

Todos llevamos amor en nuestro interior, solo que algunos no saben cómo expresarlo. Eso los frustra, los bloquea, los aparta, los descontrola, los mantiene enojados con el mundo y con ellos mismos, porque buscan, mas no saben lo que están buscando.

¿Recuerdas el ejemplo anterior que te di de la casa, los muebles, tú y sin luz? Bueno, así mismo pasa con mis hermanos en cuerpo y alma. Por estar apartados de la luz, solo ven luz en otros y, recuerda, eso puede ser luz artificial o luz natural. Ese es el riesgo de andar por caminos, tomar decisiones o aventurarse sin luz. Corres muchos riesgos.

Cuando estás colmado y lleno de luz, puedes ver a aquellos que son luz, sombra u oscuridad. Si tú vas en medio de un bosque en una noche, solo guiado por las estrellas, ¿cómo vas a ver cada detalle de riesgo y peligro que hay dentro de ese lugar? Debes prepararte y saber que con un faro de luz lograrás iluminar tus pasos dentro del bosque. Ahora, va a depender del faro de luz que vayas a elegir. ¿Luz artificial o luz natural? ¿Sabías que las dos se acaban a medio camino? ¿Qué deberías hacer? Llevar de refuerzo, ¿cierto? Y si estuvieras con tu luz verdadera, la luz real, ¿temerías que se acabara a mitad de camino? Solo déjame decirte que la luz verdadera y real no se acaba jamás. No tiene fin. Es eterna y nunca se apagará.

No desbordes tu manantial de amor cuando sepas que vas caminando sin la luz real y verdadera, porque te sentirás aún más perdido. Sin la luz verdadera pierdes el control, pierdes el encanto real y verdadero. Pierdes conducta ejemplar, pierdes admiración de los demás, pierdes tus buenas intenciones, pierdes tus tiempos y tus espacios, pierdes el ocaso de la vida, vas perdiendo hasta lo inesperado.

Cuando te sientas perdido te invito a que tomes el libro *El Espejismo de la Luz en la Tierra*, que es la primera publicación de información divina, y elijas cuatro números de sus 72 mensajes. Con cuatro números, cuatro mensajes, cuatro búsquedas y cuatro hojas, empezarás a entender tu propia vida.

(Canalizado el 15 de julio de 2022)

¿Cuál es tu relación con Dios?

*T*u relación con Dios es algo inusual cuando generas contacto con Él, solo cuando estás viviendo crisis emocionales. Toda casualidad tiene un encuentro con la verdad, toda causalidad abre la puerta con lo eterno.

Arroja tus sentimientos de dolor al universo y verás cómo este te responde, y cómo entras a un espacio distinto en tiempo y en lugar.

La juventud tiene un principio y un fin. Tus emociones no son las mismas cuando eres joven. No es el mismo sentimiento cuando eres adulto o un adulto longevo.

Todo lo que es longevo guarda una historia, y esa historia muchas veces no es bien contada. La juventud, en cambio, dice todo lo que siente y piensa en un solo lugar. ¿Cuál es ese lugar? Su inmadurez. En cambio, lo longevo a veces no tiene la oportunidad de hablar porque nadie le ha preguntado, porque lo han apartado, porque no son escuchados y no son considerados muchas veces en la vida de otros, incluso hasta de sus familiares.

¿Cuántas preguntas les has hecho a tus abuelos de cómo iniciaron su juventud?

¿Les has preguntado cuántos fracasos, o caídas, tuvieron que pasar para poder adquirir sabiduría? ¿Te has fijado en la mirada de un adulto mayor? A veces es un tanto perdida para algunos. Eso es solo el deseo de querer expresar sus pensamientos, deseo y opinión entrante en tu vida.

La juventud tiene una particularidad muy especial, tiene una energía brillante. Los jóvenes son audaces, se sienten dueños de su cuerpo y de sus verdades, creen en lo desconocido, creen en lo incierto, creen en promesas, muchas veces banales e incluso falsas. Aquí hay un factor común: «La juventud cree». La juventud cree en todo aquello que desconoce, porque no todos los jóvenes buscan en las profundidades de las piedras. No siempre investigan lo que creen o, simplemente, investigan a medias. Algunos creen a ciegas en el amor, en el desamor, en un capricho y en la soledad infundada. La juventud tiene en su voz la frescura de la llama encendida para poder creer en todo aquello que le dio un sentimiento y una emoción elocuente en su ser.

Los apartados en Dios creen en Él solo por aquello que sienten en su corazón. ¿Por qué son apartados en Dios? Porque la grandeza de su corazón se ve igual que un cristal o diamante bien pulido. Ellos han tenido que pasar su corazón por fuego ardiente para aprender lo que es la vida y lo que es Dios aquí en la Tierra.

¿Cómo es tu relación con Dios?

*D*eja que pasen unos días y escribe la respuesta en este libro, o en un cuaderno. Asegúrate de que no sea un cuaderno perdido.

Muchas veces has bajado escalones, o peldaños, que te llevan a algo desconocido. ¿Has visto cómo se destruye y se construye el ser humano?

Has dejado ver a otros tus procesos. ¿Has visto tu propio proceso? ¿Te has descubierto interiormente? ¿Cuál es el tipo de conversación que tienes contigo mismo(a)? ¿Cuál es el tipo de diálogo que tienes con un adulto mayor? ¿Cuál es el tipo de diálogo que has guardado en tu corazón? ¿Qué palabras mal usadas has guardado en tu mente o en tu corazón? ¿Cuál es el tipo de persona en la que te has convertido en tu paso por esta Tierra, en tu andar? ¿En quién te has convertido? ¿Quién eres?

Es un espejismo pensar que nos hemos vuelto reales ante tanto engaño. La serenidad viene de los tiempos que te das, o que te guardas, a ti mismo.

Es en los tiempos de cuidado que el ser humano tenga para sí mismo. Es en ese silencio, apartado y en oscuridad, donde tienes la oportunidad de hablar con Dios y hacerle todas las preguntas que tú quieras.

¿Recuerdas lo que hace un momento atrás leíste sobre las personas longevas?

Bueno, podríamos decir que Dios también es longevo.

Es el principio de una historia llena de sabiduría, mas no tiene un final.

Él es el principio de la historia sin fin.

Tú puedes hacer público los diálogos que tengas con Dios, mas no todo es bueno contar.

Solo te aconsejo que cuando Dios trabaje contigo, guardes sus palabras para ti.

No todos están en tus procesos. No todos están en tus zapatos (y no debes prestarlos) porque no a todos les va a parecer tu modelo o color, marca o precio. Y si les llegase a gustar sería porque quiere copiar tu modelo, pero no será original. Cada ser humano tiene una experiencia original y única. Todo ser humano hace de su vida según como siente y según como piensa.

Cuando decidas apartar tu mente y digas «Quiero vaciarla y llenarla del conocimiento puro», comenzarás a vivir experiencias únicas, nuevas y emocionales. Puedes apartar tu mente las veces que quieras, sobre todo cuando ya las cosas no marchen bien y la oscuridad te haya atrapado. Tus diálogos con Dios no son impuestos. Siempre los has generado tú.

Para poder tener siempre una buena relación con Dios, debes tener una buena comunicación con Él.

Te daré tres principios básicos:

1. La comunicación en luz

Es aquella que se genera cuando estás en tu habitación o lugar sagrado de la naturaleza y enciendes la llama que llevas por dentro. Cuando prendes el botón de tu casa interior iluminas tu ser con la luz real y verdadera. Recuerda que esa luz real y verdadera es la que Dios te ha dado por herencia, porque eres el merecedor de aquello sagrado, porque tú eres sagrado.

Esta luz es la que permite el paso y el traspaso de una comunicación fluida con Dios.

Cuando tú así lo permitas y quieras iniciar una comunicación con Dios, o tener un verdadero diálogo, solo enciende esa llama que es la luz verdadera. En ella podrás encontrar todas las respuestas que andas buscando en este mundo, tanto para el mundo como para ti. Es una luz consagrada, ya que te aparta de la oscuridad y te lleva a una elevación suprema.

El lenguaje de comunicación que Dios tiene contigo es claro, visible y sin acuerdos engorrosos.

Cada vez que tú hablas con Dios, generas acuerdos, ya que Dios te muestra el camino a seguir y dentro de esos caminos hay bellas tareas por cumplir. Estas bellas tareas son siempre misiones. Así son llamadas en la espiritualidad. Acá, las almas siempre están en misiones.

Ten diálogos con Dios dentro de esta luz y no olvides activar esa luz por medio de ese botón llamado «**La Alarma de Conversación**», porque cuando se genera una duda, inquietud o desesperación, ese botón genera una alarma a través de las vibraciones de tu cuerpo y de tu alma. Ese botón puede estar en paz por mucho tiempo, pero cuando es alertado por ti se genera una luz que activa la iluminación de todo tu ser para poder dialogar con Dios.

Todo es más claro cuando te iluminas para hablar con Dios, ya que ambos están con la luz real y verdadera. Están en sintonía, están conectados y se podrán entender mucho mejor.

2. La comunicación en paz

Luego de haber activado la luz verdadera, entras en un espacio donde el tiempo se ausenta y más reina la paz.

La comunicación que se genera con Dios estando en una infinita paz, es cuando Dios te ha invitado a un lugar donde ambos están resguardados. Dios hace una invitación a tu ser, a tu alma, para comenzar sus diálogos. Ahí se genera un encuentro formal, un encuentro único y ejemplar. Los encuentros en paz aportan a tu vida y generan que las tensiones y preocupaciones se desintegren y se desvanezcan y así reine la paz.

La paz de Dios es intocable, ya que está resguardada por cientos de ángeles custodios dignos y llenos de amor para cuidar la paz.

Cuando una persona habla y genera paz, es porque está siendo resguardada por ángeles. Está cerca de la presencia de Dios, y desde ese lugar está hablando. La paz de Dios no puede ser copiada o falseada. No hay réplicas de cómo es esa paz. ¿Acaso podemos describir con palabras lo que sentimos cuando estamos en paz? Es algo indescriptible. Aquí también se produce la comunicación real, porque la luz verdadera genera la paz real y el diálogo, a su vez, se hace real por naturaleza, solo entre tú y Dios.

3. La comunicación apartada

Cuando un alma quiere hablar con Dios, busca un refugio y se aparta. Cuando una persona se aparta y busca respuestas de Dios, es porque está dando el permiso para el diálogo y todo lo que ello implica.

Cuando te apartas generas una sintonía perfecta con Dios. Ambos se escuchan y sienten el lenguaje vibracional, sienten cómo fluye la conversación. Van entendiendo lo que dice el uno del otro y comienzan a entender cada pregunta y cada respuesta. El entendimiento genera conocimiento en el hombre, y eso lo puede utilizar a favor. Porque cuando el hombre conoce y reconoce que puede hablar con Dios, se desata mucha información. Es en ese momento cuando el hombre se hace y se convierte en un proveedor del conocimiento. Esto genera un traspaso de información, no tanto por el diálogo privado entre tú y Dios, sino porque puedes generar diálogos con Dios. Así mismo puedes comunicar a otros que te has apartado en luz y paz para hablar con Dios y lo has logrado.

Recuerda que tus procesos son únicos. Tu manera de sentir y de ser es única. Por más que hagan comparación de cómo siente y percibe cada persona, siempre será de manera diferente.

Hay ciertos diálogos del ser humano muy privados. A pesar de que todos pueden saber lo que hablas con el Altísimo, no todos entenderán tus diálogos con Dios. No obstante, ¿sabes por qué hay cosas que no se recomiendan contar? Porque hay personas que querrán imitar la forma en cómo generas tu diálogo con Dios, con las mismas palabras e, incluso, imitar hasta tu forma de llorar. Así más se pierde la originalidad de cada uno. Cada diálogo es distinto. Cada diálogo es diferente. Cada uno que busque su manera de dialogar. No todos son originales al querer hablar con Dios, por eso es necesario que busques tu propio apartado, actives tu propia luz verdadera y así estés en la paz resguardada por cientos de ángeles para que tengas ese diálogo con Dios, que será inolvidable e imborrable.

La oscuridad seduce al ser humano, mas no seduce a la luz

Muchas veces te has sentido seducido por la oscuridad, y es ahí donde se generan los descansos que a veces pueden resultar eternos.

La oscuridad seduce, provoca y tienta al ser humano. Si no conoces la oscuridad, no podrás decir «no» en cada tentación.

La oscuridad no se conoce cuando te la presentan, sino cuando vives con ella. Es ahí cuando conoces la verdadera oscuridad. A veces ni cuenta te das cuando vives con la oscuridad. Eso significa que estás en el proceso de conocerla. Toma su tiempo aprender a conocer la oscuridad. Si tomas la decisión de conocerla puedes hacerlo, mas te aconsejo que siempre vayas iluminado. No es lo mismo conocer la oscuridad con falta de luz en tu ser, a conocer la oscuridad estando iluminado.

Cuando vas en tu camino conociendo cómo es esta oscuridad, pero tú vas iluminado, podrás decirles no a las tentaciones, y tendrás la potestad para hacerlo.

Sabes, quiero que sepas esto: conocer en profundidad a la oscuridad no significa que debas vivirla en cuerpo y alma. Simplemente ten un diálogo con la oscuridad. Ella misma te explicará cómo funciona todo dentro de ella. Esta oscuridad te hablará de los síntomas que causa el vivir en cuerpo y alma en la oscuridad.

Te daré este ejemplo:

Cuando una persona decide estudiar Medicina para llegar a ser médico o doctor, no tiene que vivir cada enfermedad a lo largo de su carrera para saber los síntomas de cada enfermedad, sino más bien recibe la enseñanza y la experiencia por académicos y por los libros ya escritos. Es así como, luego, entiende cuáles son los síntomas de cada paciente y cuál es la enfermedad precisa que le aqueja. Así mismo sucede cuando decides conocer a la oscuridad. Ella te contará cómo funciona todo dentro de ella y de cada síntoma con su respectiva enfermedad. Pero eso no quiere decir que debas pasar por cada síntoma para experimentar la enfermedad.

Si decides vivir en la oscuridad en cuerpo y alma es porque has decidido ir sin tu iluminación real. Irás desprotegido, irás a ciegas y de la mano de la oscuridad. Siempre dirígete a ella iluminado para así no caer en la tentación. Cuando ella ve que no vas iluminado, sabe que puede hacer contigo lo que le parezca más acertado y conveniente para ella. En cambio, si te ve iluminado sabrá que tiene restricciones, y que solo podrá contarte de ella, mas no hacerte parte de ella.

Por eso es necesario que indagues y reconozcas la luz verdadera que se te ha entregado, para que no te pierdas en la oscuridad.

Conociendo lo desconocido

*D*ios siempre ha sido un misterio. ¿Es algo o es alguien? ¿Es solo luz? ¿O también tiene oscuridad?

Cada luz tiene una sombra, mas Dios es la luz real, y la sombra es donde habitan los que no quieren luz. Siempre saben que hay una luz que les da refugio, saben que son la sombra de la luz real y verdadera.

Cuando enciendes una vela, esta genera una sombra al hacer contacto con algo físico que tape su luz. Entre más lejos de la luz esté, más sombra lo envolverá. Mas la sombra sabe que es generada por la luz y que se generó por una intervención física (o irreal). Así mismo pasa entre la sombra de oscuridad, que genera un valle desierto, y la luz, que genera un universo iluminado.

La luz conoce de la oscuridad y sabe todo lo que habita en ella, ya que con su luz ilumina y la puede ver, mas no así la oscuridad. La oscuridad solo sabe que existe luz, pero no lo que hay dentro de ella en su totalidad.

Un ser oscuro no querrá conocer a un ángel o a un proveedor de la luz. No definitivamente. Mas un angel puede hablar de ese ser oscuro, puede contar y decir de dónde viene, qué es, cuál es su proceso, por qué está en oscuridad, qué hizo y cuáles son sus faltas y carencias emocionales. El ser oscuro solo podrá decir «Él es bueno», refiriéndose al ángel, y con eso ya lo ha dicho todo y lo ha reconocido como tal. Habló de su bondad y de su luz, dijo todo en tres palabras: «Él es bueno». La falta de conocimiento son tesoros para la oscuridad, porque ella puede tratar de convencerte de cualquier cosa y presentarte la maldad como algo bueno. La falta de conocimiento es falta de luz. Es oscuridad. Es elocuencia con el desamor. Es frialdad, soberbia, apego, obsesión, odio, falta de compasión, ira, rabia, blasfemia y arrogancia.

La oscuridad te dará caminos falsos en tus primeros pasos. Te hará sentir bien. Te sentirás a gusto un par de minutos o en un corto tiempo, y al pasar este período te hará esclavo de ella. Toda falsedad está compuesta de engaño. Todo engaño hace daño. Todo daño genera una herida. Toda herida genera un dolor. Todo dolor, si no es diagnosticado, no podrá tener su tratamiento, y todo tratamiento está indicado por un protocolo, protocolo que no todos cumplen. Cumplir misiones en la oscuridad es la esclavitud del ser humano. Esa esclavitud solo se verá interrumpida por la luz verdadera, que está compuesta por servidores dulces y llenos de amor, que saldrán a tu encuentro solo si los reconoces y les pides ayuda.

En la oscuridad eres esclavo. En la luz eres un servidor amoroso. Nadie en la luz es desamado. En la oscuridad todos hablan y funcionan bajo un reino de desamor. Ellos tienen un lenguaje donde cada palabra hiere el alma. Tienen un lenguaje poco amoroso. Tratan a todos por igual, porque todos son esclavos. Ninguno es más oscuro que otro. Todos son potenciados en la maldad, solo que con diferentes quehaceres. Sus grados de maldad no se miden como la temperatura. Cada proceso de maldad ya es alto. Al no existir compasión y al no existir amor, sus enseñanzas son crueles.

Por eso es necesario que estés iluminado siempre, para no tener que aprender a través de la oscuridad, ya que la luz tiene el conocimiento puro, verdadero y real. Solo no has querido llenarte de ese verdadero conocimiento, ya que lo real no siempre es más llamativo en comparación con la presentación falsa de la oscuridad. Todo depende de qué cosas habló aquel que te contó acerca de Dios, porque al saber que Él es la luz real, te debe haber hablado de Dios.

Entonces, ¿quién es más entretenido? ¿Quién da más cosas? Es ahí donde el ser humano muchas veces elige y dice «Yo creo en Dios», porque voy a una iglesia, a misa o a reuniones donde se habla de Dios, pero ¿cuál es tu decisión para ser un buen hermano? ¿Una buena persona? ¿Siempre decides hacer el bien para obtener tus cosas o lo que deseas y aspiras alcanzar? ¿Siempre estás alineado con Dios? Quizás solo en ciertos momentos. Es ahí donde también puede entrar la oscuridad y ofrecerte nuevos sueños, anhelos, cosas materiales, etc., mas no todo es bueno. Por eso debes mirar, observar y analizar qué es lo que quieres, sueñas o deseas lograr, porque al más mínimo paso en falso, la oscuridad puede cambiar tus planes e intervenir en tus sueños, solo si tú se lo permites. Tendrá poder siempre y cuando tú se lo permitas. Es tu decisión.

(Canalizado el 16 de julio de 2022)

Oratoria a Dios

La mirada del mundo hacia Dios no es la misma mirada de sus ángeles.

Los ángeles lo han visto, y en sus ojos hay llamas que son vistas por el ojo humano como múltiples colores girando. Los colores que llevan los ángeles en sus ojos son de distintas tonalidades. Esto se debe a que Dios es una fuente inagotable de energía, que abastece todo un reino y, así mismo, a todo aquello que ha creado y es amado. Amado por Él y por todos aquellos que le aman.

Los ángeles le adoran y aman en todo tiempo y en todo lugar. Se alimentan del amor de Dios que sacia su espíritu.

¿Por qué existen los ángeles?

Ellos se han convertido en ángeles por voluntad propia. Su voluntad es servir, atender, dar amor, cantar, adorar, amar, comprender, enseñar, apadrinar, respaldar, cuidar al perdido, participar de reuniones con más ángeles, donde comparten su trabajo y misiones, y se van perfeccionando en amor.

Dios ha puesto para ellos un ordenador. Es un maestro mayor quien los dirige, les entrega enseñanzas, les muestra cómo viven muchos seres humanos apartados de la luz. Los ángeles, a través de estas enseñanzas, dadas por su ordenador, pueden ver la oscuridad en la que habita una persona. Pueden ver sus sombras, sus malos hábitos, sus carencias y todo aquello que les falta por trabajar. Desde ahí los ángeles se organizan y se distribuyen las misiones para venir a trabajar aquí en la Tierra.

¿Cómo se gestiona toda esta ayuda?

Te diré esto:

¿Has perdido un ser querido? ¿Una mascota? Bueno, todos ellos llegan a nuestra casa, a nuestro refugio y son bien atendidos por todos nuestros colaboradores, quienes atienden sus necesidades y todo es apuntado. Cuando llega un ser querido a nuestro centro principal de atención, ellos llegan con muchas dudas y preocupaciones, aquellas que traen de este mundo, y es ahí cuando ellos comienzan a hablar de su familiar, de aquel que más les preocupa, el que más lloraría su partida. Es en ese instante cuando piden poder verlo, pero no es posible en ese momento. Es ahí donde la guardia principal informa a nuestra segunda base, donde hay ángeles preparados para recibir noticias de las almas que han fallecido (aquellos que recientemente han llegado). Reciben sus solicitudes y son ellos los encargados de venir a esta Tierra (a sus casas) que ya han dejado. En esa visita hacen una expedición del lugar, y se llevan toda la información, vista y escuchada, a la persona que lo ha solicitado.

A los pocos días de haber fallecido una persona, entrará un ángel a su casa. Para llevarle noticias de los familiares, que han quedado en llanto por el ser que ya está en nuestro hogar.

Todos son recibidos con mucho amor, sin ser juzgados. Más bien son educados y se les enseña cómo es la convivencia en nuestro reino, cuáles son las moradas que aún no podrán visitar hasta que su espíritu esté preparado para entrar ahí.

Cada espíritu tiene un color único, el cual lo identifica por sección. Según lo que lleve aprendido y entendido será su color.

Aquellos que han llegado hace poco a nuestro reino de amor, es la primera fase donde estarán recibiendo luz cálida, que no se ve, solo se siente un cómodo calor en todo su ser. En los primeros días (o los primeros momentos) de haber llegado, no pueden verse, ya que el despertar toma tiempo. Ese viaje que se realiza para llegar a nuestro hogar es donde aún duermen. Esta luz, que contiene un calor muy cómodo y placentero, es el que poco a poco los irá despertando.

Este bello paraíso está lleno de colores, aromas y cielos de colores, flores por doquier, ríos y lagos que destellan chispas de colores.

Las almas que han llegado recientemente tienen una luz transparente. A medida que van haciendo contacto con la luz, que da ese calor grato, van tomando tonalidades más sutiles y tomando un color distinto. Todo irá dependiendo de la aceptación de su transmutación de la Tierra al cielo.

Por eso la mirada que tienen los ángeles es diferente a la del ser humano.

El servir desde el amor a un hermano es tomar la decisión de ayudar desde el compromiso, la fidelidad y la armonía. Es una decisión que ellos han querido tomar. Por eso su formación fue tan extensa y de muchos años de preparación. Ellos debieron pasar por varios procesos almáticos, porque deben vibrar tan alto como su conciencia. Su conciencia es aquella que les permite entender el proceso ajeno y su alma, que es su sentir mayor, es quien le da la compasión por aquello que su hermano está viviendo.

Ser un ángel es tener la mirada de Dios puesta en ellos. Siempre que tienen duda se comunican con Dios, desde el reino, para recibir una linda bendición que les guía para seguir avanzando en sus propios procesos y tareas. Los ángeles embellecen todo el reino porque son luz, paz y amor. Nos dan una bella armonía.

Dios trabaja con todo aquel que disponga de un corazón lleno de amor para servir y ayudar. Cuando hablas con Dios, Él comienza a leer tu corazón. Si encuentra bondad, es ahí donde dejará tus tareas. Si encuentra amor, dejará tus misiones. Si encuentra paz, dejará refugios. Si encuentra cánticos, dejará palabra nueva. Si encuentra desamor, dejará, entonces, un llamado o una pregunta.

Dios es la fuente principal y todos podemos llegar a Él.

El ser humano atraviesa distintas emociones que lo llevan a subir o a bajar diferentes escalones.

Eleva tu espíritu al encuentro con nuestro Padre. Y que todos los escalones vayan en subida junto con tu espíritu.

La visita de Jesús a tu hogar

*H*as llamado a la puerta correcta. Cada vez que mencionas mi nombre para conectarnos, has llamado a la puerta correcta.

En esta puerta jamás recibirás un «no» como respuesta. En esta puerta, y siempre que llames, tu voz será escuchada y se abrirá para ti.

Esta puerta tiene acceso a que yo pueda escuchar tu voz y tú puedas entender mi mensaje como respuesta a tu inquietud o tu solicitud.

Es un verdadero agrado escucharte, porque una vez que entres por esa puerta ya no saldrás de ella igual. A veces escucho cómo tu mensaje viene lleno de inmadurez y falta de conocimiento, y al abrir esa puerta me das el permiso de mostrarte y entregarte un nuevo lenguaje y entendimiento. La falta de diálogos entre nosotros, priva al hombre del conocimiento de un lenguaje recargado en amor.

Podrás llegar con un lenguaje lleno de sentimiento, de rabia y de dolor, mas yo te daré consuelo y palabras de amor. El amor es el ingrediente esencial para poder sanar todas las heridas del alma. Debes entender que gran parte de las heridas que tienes hoy vienen por la falta de conocimiento. Por eso dialogar, abrir esa puerta nos ayudará a poder entregarte un nuevo entendimiento. A veces lo que se genera es que, aunque se te entregue una explicación, te ciegas en tu propia carencia de respuesta. Tu respuesta a algunas cosas no siempre es la correcta, por eso si vas a abrir esta puerta de diálogos, ven con la disposición de entender lo nuevo.

Siempre te daré un entendimiento basado en amor y paz. Te daré una visión distinta de las cosas, porque todo se ve desde el amor para poder comprender y entender el proceso mismo, y a tu hermano, por supuesto. Enseñarte a ver todo desde el amor es un placer, porque si me dejas explicarte, lograrás entenderlo todo.

El entendimiento sin amor no es entendimiento y, para ahondar mucho más en la profundidad de los hechos, el perdón sin amor no es perdón. Tú podrás decirle, con tu boca, a tu hermano «Te perdono», pero si no proviene de un sentir verdadero, el corazón no lo reconoce como tal y, al no reconocerlo, no se genera el perdón.

Entonces, ¿cómo podemos generar nuestros encuentros reales y verdaderos?

El querer es muy importante.

¿Te has preguntado si realmente quieres saber de mí?

¿Realmente quieres que sea yo quien te enseñe a perdonar?

¿Quieres, realmente, que sea yo quien te enseñe a amar?

¿Quieres que sea yo quien te ayude a entender a tus hijos y sus procesos?

Podría decirte que quiero colaborar en tu vida y en tus decisiones, mas sin tu permiso ni llamado no puedo hacerlo.

¿Por qué es tan importante tu permiso?

Una puerta tiene dos manillas, una por dentro de la casa y otra por fuera de ella. Dentro de la casa, la manilla te pertenece. En cambio, la manilla de afuera nos pertenece a ambos, porque cuando tú decides querer abrirla, ambos la estamos abriendo, y es ahí donde comienza nuestro contacto, nuestros primeros diálogos y nuestra cercanía. Nuestro querer se hace efectivo y activo. Entonces, con tu permiso puedo entrar en tu vida y mostrarte todo aquello que te cuesta entender, de una manera mucho más clara de lo que nadie podrá mostrarte. Puedo escuchar tu rabia, tus gritos desesperados, tus insultos hacia una persona, etc. Puedo escuchar todo aquello que me quieras decir. Y me pregunto: ¿me escucharás todo lo que tengo por mostrar, decir o contar?

Hay veces que te responderé con historias verídicas de otras personas. ¿Y sabes por qué? Porque hay algunos que, por más que genero en ellos diálogos claros, no quieren entender ni escuchar. Entonces, es ahí cuando se explica con vivencias ajenas. Al contarte, por ejemplo, que hubo una mujer que no quiso entender los beneficios del perdón y decidió odiar toda su vida a su esposo. Luego te contaré cuáles fueron las consecuencias, para que veas todo aquello que pasó después de ese hecho, solo a modo de ejemplo.

Algunos necesitan escuchar testimonios o experiencias ajenas para ver qué sucede si siguen con su mismo comportamiento. En otros casos, hay personas que necesitan escuchar con voz fuerte y clara el mensaje de respuesta. Así, a ellos se les dará el mensaje como lo soliciten, porque de la forma como pidas el mensaje es como te llegará la respuesta. Solo doy como ejemplo las diferentes maneras que se utilizan para poder entregar las respuestas a tus solicitudes. En otros casos, se debe mostrar la respuesta en imágenes e ilustraciones, todo bien explicado; o también en textos, canciones, libros o mensajes auditivos. Con esto quiero decirte que la puerta de acceso para comunicarnos siempre estará disponible y abierta para ti.

No me apartes tanto de tu vida por pensar que soy inalcanzable, por pensar que no podemos comunicarnos. Si tan solo un diálogo pudieras atesorar, verás y tendrás un sinfín de diálogos conmigo, cada uno diferente y único, si esa es tu decisión.

¿Cuál es el proceso que estás pasando hoy?

Haz una pausa y haz la prueba. Comprueba cuál es el tipo de diálogo que tendremos hoy, siempre y cuando tú así lo quieras.

¿Dónde estás en este momento para poder conversar? ¿Estás en tu hogar? Bueno, espero que llegues. Te espero en tu hogar.

Si ya estás en él, en este momento, y quieres dialogar, pues bien, he llegado. ¿Podemos hablar?

_____

_____

_____

_____

_____

_____

_____

_____

_____

En este espacio puedes escribir nuestro primer diálogo y comprobar, así, cómo has querido que te responda hoy. Te aconsejo colocar fecha y hora a esta bella respuesta que tendrás. Siempre estaré a tu llamado y bienvenido serás siempre.

Permíteme dejar en tu corazón el renuevo de tu ser, un nuevo respiro, un nuevo aliento, un nuevo llamado, un nuevo altar, una nueva conversación o una conversación pendiente, para preparar más material de entrega. Tu solicitud siempre será bien acogida.

(Canalizado el 17 de julio de 2022)

¿Cuánto has trabajado tus dones y talentos?

Si consideras que has trabajado poco en ellos, podríamos hablar de lo que te falta para expandir tus dones y talentos. Tus dones y talentos llevan en sí un lenguaje, y ese lenguaje es propio y auténtico. Antes de ponerte a trabajar con ellos, debes entender lo que quieren comunicarte. Cada persona que desarrolla un talento, al momento de expresarlo, terminará comunicando un mensaje. Esta es la etapa donde se desarrolla un talento. Antes de todo este proceso, y sin darte cuenta, muchas veces estás en un proceso de comunicación interna. Estás en un diálogo silencioso con tu talento.

Primero, debes familiarizarte con tu talento. Descubrir cuántos talentos tienes en ti. ¿Será uno? Creo que tienes más que solo uno. Sigue descubriendo en ti. Escúchalo, entiéndelo, siente tu talento y sabrás qué quiere enseñarte.

En tu alma y en tu inconsciente ya traes tu talento aprendido, por eso debes encontrarlo, escucharlo y descubrirlo, para que así tu mente se acuerde de todo lo que aprendiste en diferentes vidas y espacios. Estos fueron guardados como recuerdos en tu alma que está conectada con tu inconsciente. Si, por ejemplo, en otros tiempos aprendiste a trabajar la madera, sabrás cuáles son las herramientas que necesitas y cuáles son sus tratamientos. Las mejoras, a lo que ya has aprendido, se lo dará el tiempo actual que estás viviendo, porque ya han llegado, antes de ti, personas que han creado líquidos, elementos y herramientas para poder trabajar con precisión la madera, y que esta dure más tiempo conservando su buena calidad. Todo esto es lo que se añade, mas tú traes el trabajo en tu alma, el cual desarrollarás luego con tus manos. Esto pasa con cualquier talento.

Por ejemplo, fíjate en un niño que canta maravilloso. Él no tendrá que preocuparse del micrófono que tendrá que utilizar para que su voz se escuche mejor, solo debe preocuparse de preparar sus cuerdas vocales, lo demás es solo acompañamiento. Con esto te quiero decir que tu talento es innato y lo traes en tu ser. Viene contigo de fábrica, porque el sello es el original. Es Dios quien te ha entregado el talento acorde a lo que hayas decidido hacer. El talento, a pesar de que lo aprendiste en diferentes circunstancias, debes mejorarlo y trabajarlo siempre. El talento es algo que, al ser trabajado, vas descubriendo otros talentos. Un talento te puede llevar a enamorarte de otro y, aunque no lo traigas aprendido de otras vidas, será un desafío muy lindo de comprender y aprender, porque tú lo has descubierto y eres tú quien desea conquistarlo. Asegúrate de quererlo de verdad, para que no te aburras en el solo intento. Un buen talento trabajado hace que la persona mantenga una línea de vida. Ese talento pasa a ser parte de tu vida ¡y es maravilloso! Porque vibras al máximo con él y te da la satisfacción de que fuiste tan solo tú quien lo descubrió y lo trabajó.

Los talentos se adquieren en gloria y majestad, y cuando son bien cuidados se glorifican junto a tu familia también. Un talento glorioso une y reúne a una familia completa. Un talento genera unión. Si no tienes apoyo de familiares o amigos quiere decir que tienes una constancia increíble para hacer crecer tu talento sin la ayuda de nadie. Esto es muy importante y debes saberlo: tu talento no dejará de existir porque alguien no crea en ti o porque alguien no te apoya en tu camino para desarrollarlo. No se pierde, no deja de existir, porque eres tú quien lo trae. Es tuyo, es tu responsabilidad. No depende de alguien o de algo.

Tu talento, al ser parte de ti, puedes hacerlo crecer con lo mínimo. Y si tienes lo máximo para hacer crecer tu talento, sé generoso también con la humanidad. Ayuda al que tenga menos, así tu máximo jamás se hará mínimo y así seguirás avanzando y descubriendo más talentos.

Un don habla de que Dios te ha dado según la abundancia de tu corazón. Porque desde ahí es donde vas a trabajarlo y entenderlo.

Si eres una persona que vibra siempre en amor, serás bendecido con un don maravilloso. Al igual que los talentos, puedes ir descubriendo más dones si trabajas pulcramente en tu corazón. Un don tiene un bello refugio que debe ser cuidado y tratado con mucha delicadeza.

Tu corazón, donde están guardadas tus emociones y donde alimentas tus sentimientos, es el que más debe ser cuidado y bien tratado. No puede llenarse de resentimiento, porque congelas tu don y lo entregarás frío, al punto que puedes dejar de creer que traes un bello don en tu corazón.

Si has tenido discusiones con alguien, con tu esposa, esposo, hijos o hermanos, y tu corazón ha recibido un sentimiento de coraje de parte tuya, lo que saldrá de tu corazón son solo emociones frías. Así no se hará efectivo tu don.

Si tienes el don de sanar a otros por medio de tus manos, no deberás tener almacenado en tu corazón, resentimiento, odio, engaños o cualquier sentimiento que vaya en contra de tu propio don. Podrás hacer una sesión sin problema, compartiendo tu energía junto con lo que sabes hacer, mas la sanación efectiva se verá totalmente afectada. La persona no tendrá mayor mejora, porque lo que da tu don es sanidad, y si recibió energía de emociones frías, también enfriarás a quien quieres ayudar, y aún peor: lo limitarás.

Por eso, cuando hayas descubierto tu magnífico don, debes entender también tanto tu vida como tu corazón.

Lo primero que debes saber es que el hombre toma decisiones equivocadas en todo tiempo y eso genera un dolor. Ese dolor es el que, a través de tu don, sanará.

Si tu hermano no se equivoca, ¿qué podrá sanar? Probablemente tu don quedará congelado porque no habrá personas enfermas del alma.

Comprender que el ser humano se equivoca te ayudará a entender que está demás guardar un sentimiento inapropiado en tu ser, si eso te llevará a que tu paciente no vea resultados reales. Porque tu paciente llegará totalmente enfermo. Traerá sentimientos de odio y rabia, mas el que sana debe guardar un corazón limpio y puro para generar, a través de su don, una verdadera sanación, limpia, pura y real.

Cada don, sea cual sea, es guardado en tu corazón. Es un refugio. Si realmente amas y eres consciente de tu don, le darás las mejores atenciones y cuidados a tu corazón. Cuando sientas rabia hacia ti, por alguna situación o por alguien, lleva tus manos a tu corazón y háblale con palabras de amor, envuelve en luz ese sentimiento y repite tres veces: «En el nombre de Jesús, este sentimiento no me pertenece porque no se alinea con el don de amor que guardo en mi corazón». A las pocas horas, o quizá instantáneamente, desaparecerá.

Sigue trabajando tu don que es bellísimo. Los dones son la ayuda que das directamente desde lo alto, porque desde ese lugar provienen y son almacenados en tu corazón. Los dones de ver el corazón de otras personas, por ejemplo, se dan para aquellos que han visto su corazón y pueden ver el de otros sin juzgarlos, y si lo hacen, se arrepienten con mucha facilidad.

El don se alimenta de la comunicación que tengas con Dios, porque desde ahí proviene. Si quieres saber de tu don en un diálogo con Dios, Él te lo hará sentir en tu corazón. Lo traes contigo, así podrás iniciar tu entendimiento y familiarización con tu don. Lo más importante es que, una vez revelado tu don, es de tu cuenta y responsabilidad aceptarlo y creer en él, y a la vez creer que lo traes contigo. Si Dios lo entregó en tu corazón es porque sabe que lo harás bien y vas a expandir tu don con los demás. Tu don lleva los mensajes a quien sigue siempre sus indicaciones y verás resultados sorprendentes.

(Canalizado el 30 de septiembre de 2022)

El calor

*T*enemos el calor natural que lo entrega el sol. Tenemos el calor artificial que lo genera el hombre. El hombre hace y crea lo que más se asemeja al sol natural.

El sol es quien le entrega las vitaminas necesarias a la Tierra. De este sol, siempre tendrás creación nueva, porque el sol jamás terminará su proceso y no dejará de cumplir su misión.

Si te fijas, cada quien que genere calor siempre tendrá distintas reacciones. El calor que creó el hombre puede quemarte si te acercas mucho a él, y generar una reacción instantánea de alejarte de aquello, porque tu cuerpo, por instinto, se alejará al no soportar altas temperaturas.

El otro tipo de calor es el que recibes de una fuente natural como es el sol, que también puede generar quemaduras o marcas en tu piel, si excedes los tiempos de exposición. El calor artificial genera beneficios cuando tu cuerpo está bajo un frío muy elevado.

El sol le entrega muchos beneficios a la Tierra, a las plantas, a los ecosistemas, a las personas, etc., todo y más, fuera y dentro de esta Tierra. Entrega energía y alegra los días de muchas familias para salir a recorrer la naturaleza y aguas naturales.

Ahora quiero contarte de un calor que es eterno. Es un calor que no te hace daño. Ni siquiera al permanecer mucho tiempo recibiéndolo en la potencia más alta. No es un calor incómodo. No es un calor que traiga a ti consecuencias negativas. Muy por el contrario, solo trae beneficios eternos e irrevocables a todo tu sistema circulatorio, digestivo, mental, corporal, emocional y espiritual.

Cada célula de tu cuerpo se energiza a través de este calor. Es el calor de **Dios**.

(Canalizado el 8 de octubre de 2022)

Mensaje del Profeta

*T*e daré profecías para tu casa, tu vida y tu ser eterno.

1. Bendecida será tu casa. Todo aquel que pise tu hogar será bendecido y se llevará la bendición de Dios a su hogar.

2. Serás sano de toda enfermedad y de todo mal que acecha al hombre en su mente y de todo mal que provenga de la oscuridad.

3. Todo alimento impuro será quitado de tu boca y de tus manos, para que tu cuerpo sea consagrado santo ante el Padre y así, tu comunión con nuestro amado Creador sea limpia y sin obstáculos impuros, lo que muchas veces impide escuchar su voz.

4. El agua será tu recurso de pureza y limpieza, con la cual activarás tu luz más potente desde tu interior. Siempre me encontrarás en medio de la oscuridad y en plena soledad. Siempre estaré. Ocuparás el agua y te iluminarás. Hablaremos por y para siempre.

5. Toda profecía dada en mi nombre sobre tu nombre será cumplida. Todo pensamiento pagano será retirado. Limpio estará tu cuerpo, mente y corazón, y mi palabra jamás será quitada de tu corazón. Toda profecía será cumplida.

6. Las proezas del cielo serán reveladas a todo aquel que desee saber del cielo, y los cielos abiertos estarán para él. Quien quiera beber junto conmigo el cáliz de la verdad, amor y poder de Dios, vendrá a él la revelación del Padre.

7. Tu palabra profética sobre ti y tu casa también será cumplida. El abandono será cambiado por la presencia de Dios en tu vida. Es Él quien llena todo vacío en tu existencia y será Él quien llene de amor ese vacío que han dejado en ti.

8. Toda palabra de Dios es bendita. Ningún mensaje de Dios es desechado, ni siquiera por aquel que la rechaza. Por eso profetizo sobre tu vida que la palabra de Dios ha llegado a tu casa; y de su palabra, vivirás. Por fe, tendrás tus milagros. Por amor, serás levantado y llenado de su paz. Por su luz, serás rescatado de la oscuridad. Y sus ángeles han llegado a morar contigo en tu hogar.

9. Profetizo sobre tu vida, vida eterna. Profetizo un corazón lleno de alabanza y júbilo. Profetizo sobre tu vida nuevos mandamientos, entregados por Dios:

   1) Solo caminarás en luz y verás la oscuridad de lejos, solo para rescatar al perdido.

   2) Comerás y te saciarás de su pan de vida, y eterno será tu espíritu.

   3) Beberás de su cáliz lleno de luz y echarás fuera todo demonio, el cual se llevará parte de esa luz poderosa para ser rescatado.

   4) Mirarás el cielo y hallarás su rostro contemplando tus obras.

   5) Todo mandamiento fue hecho con amor. Ve y levanta al caído, que Dios ya no permitirá ninguna caída en tu vida. Puedes ir confiado.

   6) Su palabra es el farol de luz encendida. Toma tu farol y tu boca será quien lanzará los mensajes proféticos de Dios sobre toda la humanidad.

7) Escucha tu nuevo cántico, que en él glorificarás su nombre en todo tiempo y en todo lugar.

8) Tus hijos llevarán tu herencia bendita, la cual seguirá de generación en generación.

9) Cuida tus pasos y verifica siempre que estén en el camino de luz y apartados de todo mal.

10) Fortifica tu corazón sabiendo que Dios vive en ti, que llevas su llama encendida para hacer el bien todos los días. Recuerda: fui levantado al tercer día para acompañarte por toda la eternidad.

¡Vivo estoy! Jamás me he ido. Visítame en tu morada que nuevo hogar te daré, y viviremos juntos en tu casa. Yo te espero en mi morada dada por nuestro Padre para todos sus hijos, el día que Dios te llame para volver a tu casa eterna, iluminada y llena de amor.

Ahora que ya has terminado de leer este libro, quiero volver a preguntarte:

¿Qué sientes en tu ser, en tu alma y en tu espíritu cuando dices mi nombre?

Jesús

¿Podrías responderme en estas próximas líneas, cerrando tus ojos y repitiendo mi nombre? Cuando sientas en ti la respuesta, escríbela en las siguientes líneas.

Me gustaría saber qué te ha dejado este libro ahora en tu corazón. ¿Qué ocurrió en ti al mencionar mi nombre, después de todo lo revelado?

Estas líneas las dejo para que respondas mi pregunta. Estaré ahí contigo cuando me menciones. Me dejaré ver y sentir. Tú solo ahora siente, y luego escribe lo que hayas visto y sentido.

_____

_____

_____

_____

_____

_____

_____

_____

_____

_____

_____

_____

_____

_____

_____

_____

_____

_____

_____

_____

_____

_____

OTROS LIBROS DE LA AUTORA

El Espejismo de la Luz en la Tierra

Made in the USA
Monee, IL
03 January 2024

50968894R00067